하프 타임, 인생 2막을 디자인하라

['인생 후반, 어떻게 살아갈 것인가?'
두려움 없는 노후를 위한 **인생 설계!**]

하프 타임,

인생 2막을
디자인하라

서문

인생, 끝날 때까지 끝난 게 아니다

축구는 경기 시작 후 45분이 지나면 하프 타임이다. 선수들은 라커룸으로 들어간다. 전반전을 돌아보고, 후반전 전략을 세운다. 부족했던 부분을 점검하고, 상대팀의 약점을 분석한다. 물을 마시고, 숨을 고른다. 때로는 포지션을 바꾸고, 선수를 교체하기도 한다. 중요한 건 전반전이 아무리 형편없었어도 후반전에 얼마든지 뒤집을 수 있다는 사실이다.

스포츠는 각자 고유한 '멈춤의 시간'을 갖고 있다. 축구는 전·후반을 나누는 하프 타임이 있고, 농구는 4쿼터마다 작전이 바뀌며, 배구는 흐름을 바꾸기 위한 작전 타임이 있다. 인생도 마찬가지다. 누구에게나 돌아보고 전략을 새로 짤 순간이 찾아온다. 어떤 이는 30대에, 어떤 이는 40대에, 또 어떤 이는 50대에 이 시간을 맞는다.

우리는 이미 전반전을 치렀다. 공부하고, 취업하고, 결혼하고, 아이 키우고, 직장에서 인정받기 위해 달려왔다. 하지만 정작 '나는 누구인가?', '무엇을 하고 싶은가?'라는 질문에는 답하지 못했다. 이제는 새로운 작전 타임이 필요하다. 후반전에는 남이 정한 포지션이 아니라,

내가 원하는 포지션에서 뛸 수 있다.

그러나 현실은 냉혹하다. 고용노동부 자료에 따르면, 근로자 평균 근속 연수는 6.8년에 불과하다. OECD 국가 중 한국은 노인빈곤율이 가장 높고, 중년 세대는 일자리 불안과 경제적 압박 속에 서 있다. 두려운가? 당연하다. 불안한가? 정상이다. 하지만 이 불안감이 당신을 멈춰 세워서는 안 된다. 이러한 숫자 뒤에는 각기 다른 스토리가 있다. 그리고 역전은 지금도 일어나고 있다.

자동차 부품업체에서 20년간 품질관리를 해온 K씨(53세)는 구조조정 대상이지만 축적된 노하우가 있다. 회계사무소에서 15년을 보낸 P씨(48세)는 아이들 등록금 때문에 절실하지만 전문성이 있다. 제조업체에서 영업을 해온 C씨(55세)는 디지털은 약하지만 인맥이 넓다. 카페를 운영하다 폐업한 L씨(52세)는 실패의 쓴맛을 봤지만 고객 응대 경험이 풍부하다. 네 사람 모두 인생의 하프 타임을 맞았다. 전반전은 힘들었을 수도 있다. 하지만 아직 후반전이 남아 있다. 그리고 각자에게는 역전을 만들어낼 무기가 있다.

젊은 선수들은 체력이 있다. 하지만 베테랑에게는 체력보다 중요한 것들이 있다. 오랫동안 현장에서 부딪히며 쌓은 노하우, 동료와 거래처까지 이어진 관계망, 중요한 순간을 아는 집중력, 마지막 기회라는 절박감, 고객이 원하는 것이 무엇인지 아는 지혜가 그것이다.

이 책은 그런 당신에게 자신만의 후반전 전략을 세우는 방법을 알려준다. 30대라면 커리어 방향을 새로 잡을 수 있고, 40대라면 직장과 나 사이의 균형을 다시 세울 수 있으며, 50대라면 지금까지 쌓아온 자산을 무기로 삼아야 한다. 이때 중요한 건 '나만의 타임아웃'을 제대로 활용하는 것이다.

Part1에서 당신은 충격을 받을 것이다. 대한민국에서 직장인의 전반전이 끝났다는 냉혹한 진실을 보여주기 때문이다.

Part2는 라커룸이다. '나는 지금 뜨거운가?'라는 질문에 정직하게 답할 수 있다면 당신의 후반전은 이미 시작된 것이다.

Part3에서 당신은 자신만의 무기를 손에 쥐게 된다. 20년간 쌓아온 경험이 시간당 50만 원의 가치가 될 수 있음을 깨달을 것이다.

Part4는 실전이다. 무소의 뿔처럼 혼자 가되, 현명하게 가야 한다.

Part5에서 당신은 마침내 경제적 독립을 완성한다.

Part6에서 당신은 진정한 자유를 맛보게 된다.

Part7에서 당신은 1인 기업가로 살아가는 구체적 방법을 터득할 것이다.

30대의 열정은 불꽃이다. 하지만 중년의 열정은 용광로다. 더 뜨겁고, 더 오래간다. 그리고 더 많은 것을 만들어낸다.

축구에서 명경기는 후반전에 만들어진다. 인생도 그렇다. 레전드는 후반전에 만들어진다. 회사가 나를 고용하는 시대는 끝났다. 이제 내가 나를 고용하는 시대다. 내가 나의 감독이 되고, 내가 나의 선수가 되고, 내가 나의 응원단이 되는 시대다.

우리는 인생의 진반전을 남들의 룰에 맞춰 살았다. 학교에서 정해준 커리큘럼, 회사에서 정해준 업무, 사회에서 정해준 성공 기준 등 모든 것이 남이 만든 게임이었다. 하지만 후반전은 다르다. 하프 타임에서 전술을 바꾸듯, 이제는 나만의 방식으로 경기를 풀어가야 한다. 여기서 나답게란 무엇일까? 남의 시선에 신경 쓰지 않고 내가 좋아하는 일을 하는 것이다. 완벽하지 않아도 내 속도로 가는 것이다. 20년 동안 쌓아온 나만의 경험과 관점으로 세상과 소통하는 것이다.

이 책은 이론서가 아니다. 실전 경기 매뉴얼이다. 여기서 가장 중요한 것은 당신의 결심이다. 책을 읽는 것만으로는 아무것도 바뀌지 않는다.

휘슬이 울린다. 곧 후반전이 시작된다! 이제 당신만의 후반전을 시작할 시간이다. 30대든, 40대든, 50대든 상관없다. 당신은 후반전을 어떻게 뛸 것인가? 벤치에서 구경만 할 것인가? 멋진 나만의 경기를 시작할 것인가? 베테랑의 시간은 이제부터다. 후반전은, 나답게 살아보자!

— 10년 후, 당신만의 멋진 역전 드라마를 기대하며
김상범

차례

서문

인생, 끝날 때까지 끝난 게 아니다 … 5

PART1: 전반전 종료 – 현실 직시와 각성

"게임의 전반전이 끝났다!"

1. 모든 직업이 위험하다 … 15
2. 50대의 경력 단절, 이제는 선택이 아니다 … 19
3. 베이비붐 세대 70%가 최저임금인 현실 … 23
4. 근속 연수 6.8년, 평생직장은 없다 … 29
5. 100세 시대, 국민연금만으로는 못 산다 … 34
6. 스펙은 무용지물, 생존력이 경쟁력이다 … 37

PART2: 하프 타임 – 작전 재정비와 마인드셋 혁명

"당신의 후반전을 설계하라!"

1. 나는 지금 뜨거운가? … 45
2. 하루 2시간으로 인생을 바꿔보자 … 50
3. 어떻게 일가를 이룰 것인가? … 56
4. 기준의 생산자가 되어라 … 63
5. 인생 중반에 재정리해야 할 5가지 … 69
6. 지금 안 배우면 후반전은 없다 … 77

PART3: 후반전 준비 – 혼자서도 먹고살 기술

"승리를 위한 필살기를 준비하라!"

1. 당신의 20년은 시간당 50만 원이다 ... 85
2. 이제 회사 밖에서도 벌어라 ... 93
3. 후반전, 부자를 꿈꿔도 좋다 ... 101
4. 재테크, 후반전의 든든한 버팀목 ... 106
5. 전문성만으로는 살아남을 수 없다 ... 111
6. 월급 없이 사는 수익 포트폴리오 완성법 ... 118

PART4: 실전 전환 – 회사 의존도 줄이며 독립 준비

"무소의 뿔처럼 혼자서 가라!"

1. 스스로를 고용하라 ... 127
2. 가족이 당신의 든든한 힘이다 ... 133
3. 몸이 무너지면 모든 게 끝난다 ... 140
4. 꿈이 있는 중년, 그게 힘이다 ... 145
5. 플랜B가 있으면 실패해도 괜찮다 ... 150
6. 퇴직 전 부업 포트폴리오 완성하기 ... 155

PART5: 경제적 독립 – 나만의 경제 생태계 구축

"경제적 자립을 완성하라!"

1. 첫 6개월, 이렇게 버텨라 ... 163
2. 언제 퇴사할 것인가? ... 170

3. AI는 1인 CEO의 최강 무기다	175
4. 50대는 다른 게임을 해야 한다	181
5. 자신의 선택과 허락을 구하라	186
6. 나만의 명작을 만들어라	191

PART6: 존재의 완성 – 자유와 자립으로 완성하는 나만의 삶

"진정한 나로 살고, 유산을 남겨라!"

1. AI가 못하는 일, 50대가 한다	199
2. 인구 절벽이 만든 시니어들의 기회	204
3. 50세, 육아에서 해방돼라	209
4. 가족을 최고의 자산으로 만들어라	215
5. 이제 혼자서도 충분하다	222
6. 불타는 갑판에서 뛰어내릴 용기가 있는가?	228

PART7: 1인 기업으로 살아가는 법

"진정한 홀로서기!"

1. 1인 기업의 하루, 내가 곧 회사인 삶	235
2. 나만의 상품, 나만의 시장을 개발하라	240
3. 고성비 세로 경영, 작은 회사의 강점 살리기	246
4. 고객이 찾아오는 구조 만들기	253
5. 나 없이도 돈을 버는 시스템을 구축하자	260
6. 1인 기업가로의 지속 가능한 성장	268

참고문헌	275

PART1 : 전반전 종료
- 현실 직시와 각성

"게임의 전반전이 끝났다!"

1. 모든 직업이 위험하다

2006년, 다니엘 핑크는 《프리에이전트의 시대》에서 자유계약 직장인의 시대가 올 것이라고 예측했다. 20년이 지난 지금, 그의 예언이 현실이 되고 있다.

지금 이 순간, 당신이 안전하다고 믿는 정규직이 무너지고 있다. 2024년 8월 기준 통계청 발표에 따르면, 임금근로자의 38.2%가 비정규직이다. 10명 중 4명이 불안정한 고용 상태라는 뜻이다. 더 충격적인 사실은 고용노동부 고용형태 공시제 결과에 따르면, 그 안전하다던 대기업의 비정규직 비율이 41.2%에 달한다는 것이다. 대기업도 절반이 비정규직이라는 의미다.

1990년대 중반까지만 해도 대기업의 생산직 정규직은 평생직장의 상징이었다. 하지만 지금은 어떤가? 생산직 정규직을 찾는 것은 희귀종을 찾는 일이 되었다. 사무직도 마찬가지다. '정규직 사무직'이라는 말 자체가 옛말이 되어가고 있다. 프로젝트 기반 계약직, 경력직 계약 채용, 전문직 프리랜서화 등 그럴듯한 이름을 붙여놓았지만 본질은 하나다. 정규직이 아니라는 것이다.

왜 이런 일이 벌어졌을까? 게임의 룰이 바뀌었기 때문이다. 과거의 룰은 서로 윈윈하는 거래로 매우 간단했다. 직원은 충성하고, 회사는 월급, 복리후생, 퇴직금, 연금까지 평생 책임지는 것이었다.

하지만 새로운 룰은 과거와 완전히 다른 구조를 지니고 있다. 회사는 '고용의 유연성', 즉 필요할 때 쓰고, 필요 없으면 버리는 것을 원하고 있다. KDI 한국경제연구원에 따르면, 우리나라 기업들의 고용 유연화 요구는 계속 증가하고 있다. 저성장으로 경제 성장률이 1~2%대에 머물러 있는 상황에서 기업들의 인건비 절감 압박은 향후 더욱 강해질 수밖에 없다.

하지만 노동자들은 여전히 과거의 방식을 고집하고 있다. 정규직을 원하고, 평생직장을 꿈꾸고 있다. 이 괴리가 문제다. 회사는 이미 새로운 게임을 시작했는데, 노동자만 예전 룰로 게임을 하려 하고 있다. 이제는 우리도 새로운 게임을 시작해야 한다. 회사가 나를 고용하는 게임에서 내가 나를 고용하는 게임으로, 스포츠 선수처럼 자유계약선수 FA : Free Agent 가 되어야 한다.

변화의 신호는 이미 곳곳에서 나타나고 있다. 한국고용정보원 자료에 따르면, 플랫폼 노동자 수는 2017년 137만 명에서 2022년 240만 명으로 75% 증가했다. 이들 중 상당수가 기존 정규직보다 높은 수입을 올리고 있다. 1인 미디어 시장도 폭발적으로 성장하고 있다. 방송통신위원회에 따르면, 국내 1인 미디어 시장 규모는 2020년 3조 4,000억 원에서 2024년 7조 원으로 두 배 이상 성장했다. 성공한 크리에이터들은 대기업 임원보다 훨씬 많이 번다. 프리랜서 시장도 마찬가지다. 한국프리랜서협회에 따르면, 국내 프리랜서 인구가 468만 명을 넘어섰다. 전체 경제활동인구의 17%에 해당한다. 이들 중 많은 수가 정규직 때보다 높은 소득을 올리고 있다.

이들의 공통점은 무엇일까? 모두 스스로를 고용하는 FA가 되었다는 것이다. 이들은 회사에 의존하지 않는다. 자신의 실력과 노력으로 수익을 창출한다.

물론 쉽지는 않다. 정규직의 안정성은 분명 매력적이다. 매달 정해진 날에 정해진 금액이 들어온다. 4대 보험도 있고, 퇴직금도 있다. 하지만 그 안정성이 진짜 안정성일까? 통계청 자료를 보면, 우리나라 평균 퇴직 연령은 49.3세다. 정년퇴직은 겨우 9.6%에 불과하다. 언제든 구조조정을 당할 수 있고, 언제든 비정규직으로 전환될 수 있는 것이 진짜 안정일까?

오히려 FA가 더 안정적일 수 있다. 한 팀이 나를 방출해도 다른 팀이 있기 때문이다. 하나의 수익원이 막혀도 다른 수익원이 있다. 다양성이 진짜 안정성을 만든다.

세상이 바뀌었다. 더 이상 예전 방식으로는 안 된다. 정규직이라는 신기루를 쫓는 대신, 스스로를 고용할 수 있는 능력을 길러야 한다. 변화를 두려워하지 마라. 변화는 이미 시작됐다. 중요한 것은 그 변화에 올라타느냐, 뒤처지느냐다.

FA의 시대는 이미 왔다. 당신은 준비되어 있는가?

* **이 단계에서 할 일**

1. 내 업종의 정규직 감소 추세 파악하기: 통계청, 고용노동부 자료를 통해 내가 속한 업종에서 정규직 비율이 어떻게 변하고 있는지 구체적으로 조사한다.
2. FA 시장 규모 조사하기: 내 분야에서 프리랜서, 1인 사업자들이 얼마나 성장하고 있는지 관련 협회나 연구기관 자료를 찾아본다.
3. 현재 직장의 미래 전망 분석하기: 내가 다니는 회사나 업종이 5년, 10년 후에도 안정적일지 냉정하게 평가해 본다.

* **셀프 코칭 질문**

1. 나는 정규직의 안정성을 믿고 있지만, 그것이 진짜 안정성인가?
2. 내가 지금까지 회사에 의존한 이유는 무엇인가? 두려움인가, 습관인가, 아니면 다른 대안이 없어서인가?
3. 만약 FA가 된다면 내가 가장 두려워하는 것은 무엇인가? 그 두려움은 현실적인가, 막연한 불안인가?

2. 50대의 경력 단절, 이제는 선택이 아니다

 2024년 KDI가 펴낸 〈직무 분석을 통해 살펴본 중장년 노동시장의 현황과 개선 방안〉이라는 보고서에 따르면, 취업자들은 청년기에 자료 분석, 조직 관리 등 전문적 업무를 주로 수행하다가 중년기 이후 육체적 단순노동에 종사하는 것으로 나타났다. 이러한 현상에 대해 KDI는 "중장년 취업자가 생애 주직장을 떠나 새로운 일자리를 찾는 과정에서 겪는 직무 단절에 기인할 가능성이 높다"고 분석했다.
 이처럼 우리나라 남성의 근속 연수는 50대에 접어들면서 급격하게 하락하며, 분석 직무 성향[1] 또한 같은 시기에 급락한다. 반면에 미국 남성 근로자의 분석 직무 성향은 50대 이후에도 거의 변하지 않는다. 이것이야말로 대한민국 50대가 직면한 냉혹한 현실이 아닐 수 없다. 30년 가까이 쌓아온 경험과 전문성이 50대가 되는 순간 무용지물로 전락하는 것이다.
 이런 현실을 반영하듯 50대들이 기능식 자격증 취득에 매달리고 있다. 한국산업인력공단이 발간한 《국가기술자격 통계연보》를 보면,

---

[1] 자료 분석, 조직 관리, 의사 결정 등 머리를 쓰는 전문적 업무

50대 이상이 가장 많이 응시하는 자격증은 지게차운전기능사였다. 이어서 한식조리기능사, 전기기능사 순이었다. 모두 육체노동이 필요한 기능직 자격증들이다. 사무직에서 30년을 보낸 관리자가 지게차 운전을 배우는 현실. 이보다 극명하게 50대 직장인의 절망을 보여주는 장면이 또 있을까. 실제로 한 50대 구직자는 "지원을 엄청 많이 했는데, 50대는 안 받는다는 곳도 많고, 이제 마지막이라는 생각이 든다"고 토로했다. 이것이 50대 구직자들이 마주하는 냉혹한 현실이다.

50대 재취업, 물론 표면적으로는 일자리가 없는 것은 아니다. 문제는 일자리의 '질'이다. 실제로 50대 후반에 재취업한 한 직업상담사는 "급여는 최저임금보다 살짝 높은 수준인데, 전 직장에서 받던 급여의 매달 공제금액 정도"라며 "매일 느끼는 자괴감이 상당하다"고 고백했다.

중년 이후 기존 일자리를 유지하는 것과 퇴직 후 비슷한 수준의 일자리로 재취업하는 것을 모두 어렵게 만드는 원인은 매우 복합적이다.

첫째, 연령 차별이 가장 심각하다. 대부분의 기업이 공식적으로는 나이 제한을 두지 않지만, 실제로는 50대를 기피한다.

둘째, 과도한 연공서열형 임금 체계는 중장년 인력에 대한 수요를 필요 이상으로 억제하고 있다. KDI의 한 보고서도 "연공서열형의 경직적인 임금 구조를 개선하고, 직무 및 성과 중심의 임금 체계를 강화해야 한다"고 지적했다. 재직 기간에 비례해 자동적으로 임금이 높아지는 연공서열형 임금 체계는 중장년층 고용 비용을 생산성 대비 과도하게 높임으로써 중장년 근로자의 조기 퇴직을 유도하고 재취업 시 일자리의 질을 낮추고 있다.

셋째, 직종 차별이다. 고부가가치 전문직보다는 단순 업무 중심으로 일자리가 제한되면서, 30년간 쌓아온 전문성을 활용할 기회가 차단되고 있다. 미국은 나이보다 잡 마켓에 필요한 기술이 있느냐, 없느냐가 중요하다. 엔지니어로 최신 기술에 경험과 능력을 갖추었다면 60살이 넘어도 취업이 가능할 뿐만 아니라 계속 고소득을 받는다. 하지만 한국은 다르다. 그렇다면 우리는 우리만의 길을 찾아야 한다.

50대가 겪는 재취업의 어려움은 구조적인 문제다. 연령 차별, 급여 차별, 직종 차별이 복합적으로 작용한다. 이런 상황에서 기존의 취업 시장에만 의존하는 것은 한계가 있다. 대안은 '스스로를 고용하는 것'이다. 30년 가까이 쌓아온 경험과 네트워크를 활용해 새로운 수익 모델을 만드는 것이다. 컨설팅, 교육, 코칭, 프리랜싱 등 다양한 방식으로 자신의 전문성을 상품화해야 한다.

이제는 더 이상 남이 만든 일자리의 문을 두드리며 거절당하는 굴욕을 감수할 필요가 없다. 내가 나의 일자리를 만들면 된다. 30년의 경험과 인맥, 그리고 노하우는 이삼십대가 결코 따라올 수 없는 50대만의 고유한 자산이다. 50대의 현실은 물론 가혹하다. 하지만 이 현실을 직시하고 새로운 길을 개척하는 사람에게는 오히려 기회가 될 수 있다. 중요한 것은 남이 만든 일자리를 기다리지 않고, 스스로 일자리를 만드는 것이다.

✽ 이 단계에서 할 일

1. 내 전문성 수익화 모델 3가지 구상하기: 30년간 쌓아온 경험을 컨설팅, 교육, 코칭 등으로 전환할 수 있는 구체적 방안을 설계한다.
2. 50대 성공 창업자나 프리랜서 사례를 5개 이상 수집하고 분석하기: 비슷한 업계나 경력을 가진 선배들의 성공 사례를 벤치마킹한다.
3. 나의 재취업 가능성을 객관적으로 평가하고 대안 모색하기: 현실적인 재취업 가능성을 냉정하게 판단하고, 1인 기업 준비에 집중한다.

✽ 셀프 코칭 질문

1. 만약 내가 50세에 실직한다면, 어떤 방식으로 생계를 유지할 것인가?
2. 나의 30년 경력을 1인 비즈니스로 전환할 수 있는 방법은 무엇인가?
3. 50대 직무 단절 현실을 보고 가장 먼저 준비할 것은 무엇인가?

3. 베이비붐 세대 70%가 최저임금인 현실

대한민국 베이비붐 세대의 노후는 참혹하다. 가처분 소득으로 계산한 우리나라의 노인 빈곤율은 2021년 37.7%로 여전히 OECD 회원국 중 최고 수준이다. 이는 10명 중 4명이 빈곤선[1] 아래에서 살고 있음을 의미한다. 평생 성실히 일했지만 노후는 보장받지 못하는 현실, 이것이 '준비하지 않은 노후'의 참혹한 결과다.

우리나라의 높은 노인 빈곤율은 전체 인구 빈곤율과 비교하면 더욱 두드러진다. 가처분 소득으로 계산한 전체 인구 빈곤율은 2016년 17.6%, 2021년 15.1%로 나타났는데, 노인 빈곤율과의 차이는 2016년 26.0%p에서 2021년 22.6%p로 다소 감소하였으나 여전히 큰 차이가 난다. 즉, 같은 나라에 살면서도 65세가 넘으면 갑자기 빈곤해질 확률이 2배 이상 높아진다는 뜻이다. 이런 현실이 벌어지는 이유는 구조적이다.

첫째, 연금 제도의 미성숙이다. 현재의 대다수 고령층은 연금 가입 기간이 짧고, 수급 금액이 적다. 고령층의 소득 중 공적 이전 소득[2]이

---

[1] 중위 소득의 50% 미만으로, 이 기준 아래면 빈곤층으로 분류
[2] 국민연금, 기초연금, 실업급여 등 정부가 개인에게 주는 돈

차지하는 비중은 2020년 기준 30%로 OECD 평균인 57.3%의 절반에 불과하다. 다른 나라 노인들은 연금으로 생활비의 절반 이상을 해결하지만, 우리나라 노인들은 30%도 안 된다는 얘기다. 나머지는 스스로 벌어야 한다.

둘째, 급속한 산업 변화로 인한 조기 퇴직이다. 베이비붐 세대가 사오십대였던 1990년대 후반부터 2000년대는 IMF 외환위기, 금융위기 등으로 대규모 구조조정이 이어진 시기였다. 많은 베이비붐 세대가 이 과정에서 조기 퇴직하거나 사업 실패를 경험했다. 평생직장이라는 개념이 무너지면서 안정적인 노후 준비가 어려워졌다.

셋째, 개인 노후 준비의 한계다. 베이비붐 세대는 자녀 교육과 부모 부양이라는 '이중 부담' 속에서 자신의 노후 준비는 뒷전에 두었다. 집을 사는 데 올인하거나 자녀 교육비에 모든 것을 쏟아부었다. 그렇다 보니 막상 노후를 위해 준비한 것이 거의 없다. 흥미로운 점은 고령층의 자산 보유 현황이다. 2023년 65세 이상 고령자 가구의 순자산은 4억 5,540만 원이다. 평균적으로는 상당한 자산을 보유하고 있다. 대부분은 부동산에 치중되어 있고, 그 가치가 약 3억 원에서 5억 원 정도다.

그런데 왜 가난할까? 바로 '유동성' 문제 때문이다. 집은 있지만 현금은 없다. 집을 팔 수도 없고, 집에서 나오는 월세 수입도 미미하다. 자산은 많지만 매달 생활비는 부족한 상황이다. 그래서 70세가 넘어서도 일을 해야 한다.

실제로 "준비하지 않으면 추울 때 추운 곳에서, 더울 때 더운 곳에서 일하게 된다"는 말이 현실이 되고 있다. 베이비붐 세대가 하는 일의 대부분은 실외 업무다. 서울 시내 한 아파트 경비실에서 일하는 K씨(68세)의 하루는 새벽 6시에 시작된다. 12시간 맞교대로 일하며 받는 월급은 180만 원. 시급으로 계산하면 10,000원 수준이다. 국민연금 40만 원과 합쳐도 한 달 수입 220만 원이 전부다. 그는 "대기업에서 30년 일했는데, 50대에 명예퇴직했다. 퇴직금으로 치킨집도 해봤지만 폐업했다. 이제 이런 일이라도 할 수 있어서 다행이다"라고 말한다.

K씨는 전형적인 베이비붐 세대의 삶을 보여준다. 평생 성실히 일했지만, 노후 준비는 부족했다. 결국 70세가 다 되어서도 일을 멈출 수 없다. 더 심각한 것은 그들이 하는 일의 특성이다. 경비원, 청소원, 배달원, 주차 관리원 등 모두 날씨의 영향을 직접 받는 일들이다. 여름엔 뜨거운 햇볕 아래, 겨울엔 찬바람을 맞으며 일해야 한다. 몸이 불편하거나 아파도 쉽게 쉴 수 없다.

KDI가 소득과 자산을 함께 고려하기 위해 자산을 소득화한 노인 빈곤율도 소득만을 이용해 계산한 노인 빈곤율에 비해 상당 폭 감소하지만 여전히 높은 수준이다. 즉, 자산까지 고려하면 노인 빈곤율이 줄어들긴 하지만, 여전히 심각한 수준이라는 뜻이다. 더 중요한 것은 자산이 있어도 당장의 생활비는 부족하다는 현실이다.

가처분 소득 빈곤층 중 포괄소득[3] 기준으로도 빈곤하다면 '저소득-저자산'이나 '저소득-고자산'으로 정의할 수 있다. 문제는 '저소득-고자산' 계층이다. 집은 있지만 현금이 없어서 가난한 사람들이다. 이

---

3 가처분 소득에 집세 등 자산에서 나오는 가상 소득을 더한 것

들은 정부 지원에서도 소외되기 쉽다. 자산 기준으로는 부자지만, 실제로는 매달 생활비가 부족하다. 집을 담보로 역모기지론을 받거나 팔아야 하지만, 막상 그러기도 쉽지 않다. 그래서 70세가 넘어서도 일을 해야 한다.

상황을 더 어렵게 만드는 것은 디지털 격차다. 2023년 65세 이상 고령자의 74.0%는 인터넷을 이용했는데, 그중 93.9%가 인스턴트 메신저의 대화하기 기능을 주로 이용했다. 표면적으로는 인터넷 이용률이 높아 보이지만, 실제로는 단순한 기능만 사용한 것이다. 온라인 뱅킹, 스마트폰 앱 주문, 각종 온라인 서비스 등에는 여전히 어려움을 겪고 있는 것이다. 이런 디지털 격차가 일자리 기회를 더욱 제한한다.

2023년 자신의 현재 삶에 만족하는 고령자는 31.9%이고, 사회·경제적 성취에 대해 만족하고 있는 고령자는 26.7%다. 10명 중 7명이 자신의 삶에 만족하지 못한다는 뜻이다. 이는 경제적 어려움과도 직결된다. 평생 일했지만 노후는 보장받지 못하고, 70세가 넘어서도 생계를 위해 일해야 하는 현실에서 삶의 만족도가 높을 리 없다. 더 심각한 것은 노인 자살률이다. 우리나라 65세 이상 노인 자살률은 OECD 최고 수준이며, 주요 원인 1위가 경제적 어려움이다. 단순한 통계가 아니라 생존의 문제다.

이러한 베이비붐 세대의 현실은 그 후대에게는 '노후 준비의 중요성'을 극명하게 보여주는 교훈이 된다. 아직 늦지 않았다. 지금부터라도 준비하면 그들과는 다른 노후를 맞을 수 있다. 지금의 30~50대는 다르다. 베이비붐 세대의 현실을 보며 반면교사로 삼을 수 있다. 국민연금 제도도 성숙했고, 다양한 노후 준비 수단도 있다. 무엇보다 '나를 고용하는 능력'을 기를 수 있는 환경도 조성되어 있다.

그들이 준비해야 할 것은 다음 세 가지다.

첫째, 경제적 준비다. 국민연금만으로는 부족하다. 추가적인 노후 자금 마련이 필요하다. 하지만 단순한 저축이 아니라, 지속적으로 수익을 창출할 수 있는 자산을 만들어야 한다. 부동산에만 의존하지 말고, 다양한 포트폴리오를 구성해야 한다.

둘째, 건강 관리다. 70세까지 일해야 하는 시대에 건강은 선택이 아닌 필수다. 특히 실외 작업을 피하려면 지적 노동이 가능한 건강 상태를 유지해야 한다. 꾸준한 운동과 건강 관리가 미래의 소득과 직결된다.

셋째, 지속 가능한 일을 준비해야 한다. 나이가 들어도 할 수 있는 일, 경험과 지혜가 자산이 되는 일을 미리 준비해야 한다. 이것이 바로 '나를 고용하는 능력'이다. 컨설팅, 교육, 코칭, 멘토링 등 자신의 전문성을 활용할 수 있는 영역을 개발해야 한다.

베이비붐 세대의 현실을 보며 두려워만 할 것이 아니라, 이를 타산지석으로 삼아 다른 길을 준비해야 한다. 그래야 추울 때는 따뜻한 곳에서, 더울 때는 시원한 곳에서 일할 수 있는 노후를 만들 수 있다. 그 선택권이 지금 우리에게 있다.

* **이 단계에서 할 일**

1. 나의 현재 노후 준비 수준을 베이비붐 세대 평균과 비교 분석하기

2. 65세 이후에도 할 수 있는 '업무' 3가지 이상 구상하기

3. 베이비붐 세대의 일자리 현장을 직접 관찰하고 기록하기

* **셀프 코칭 질문**

1. 지금 노후 준비 수준으로 베이비붐 세대와 다른 삶을 살 수 있을까?

2. 70세 이후에도 존중받으며 할 수 있는 일을 준비하고 있는가?

3. 좀 더 좋은 조건에서 일하려면 지금 무엇을 해야 하는가?

4. 근속 연수 6.8년, 평생직장은 없다

평생직장은 이미 과거의 이야기가 되었다. 한국인의 평균 근속 연수는 6.8년에 불과하고, 신입 사원의 경우 평균 2.8년 만에 첫 직장을 떠난다. 이는 직장생활 40년 동안 평균 6~7번 이직을 한다는 의미다. 평생직장 신화에 의존한 인생 설계는 더 이상 통하지 않는다. 고용노동부의 고용 형태별 근로 실태 조사에 따르면, 상용 5인 이상 사업체 근로자의 평균 근속 연수는 2020년 6.8년, 2021년 7.0년, 2022년 7.2년으로 증가 추세였으나, 2023년 6.6년으로 감소 전환했다가 2024년 6.8년으로 다시 증가했다. 여전히 10년을 밑도는 수치다.

더욱 충격적인 것은 신입 사원의 근속 연수다. 구인구직 사이트인 '사람인'이 발표한 2024년 '신입 사원 평균 근속 연수 조사'에 따르면, 신입 사원의 평균 근속 연수는 2.8년에 불과하다. 채 3년도 되지 않는다. 통계청 자료에서도 '첫 직장 평균 근속 기간'이 1년 5.9개월로 나타났다. 이는 과거 우리 부모 세대가 한 회사에서 30~40년을 근무하며 정년까지 다닌 것과는 완전히 다른 현실을 보여준다.

어쨌든 지금 직장인들은 평균적으로 5~6년마다 회사를 바꾸며 살아가고 있다. 업종별로 살펴보면 차이가 더욱 극명하다. 사람인의 조사에 따르면, '금융/보험'이 2.1년으로 가장 짧고, '기계/철강(2.2년)', '전기/전자(2.4년)' 순이었다. 반면 '자동차/운수'는 4.5년으로 가장 길었다.

IT 기업에서 일하는 K씨(29세)는 지난 5년간 세 번의 이직을 했다. 그는 "첫 회사는 1년 만에 그만두었다. 야근이 너무 심해서였다. 두 번째 회사는 2년 있었는데, 더 좋은 조건의 회사로 옮겼다. 지금 회사도 2년째인데, 또 이직을 고려하고 있다"고 밝혔다. K씨 같은 사례는 더 이상 특별하지 않다. 이삼십대 대부분이 1~2년 내 이직을 고려하고 있다는 조사 결과도 있다. 세대별로 직장에 대한 개념도 완전히 다르다. 50대 이상은 여전히 평생직장이 가능하다고 생각하는 비율이 높지만, 이삼십대는 이직을 당연한 것으로 받아들인다.

이처럼 평균 근속 연수가 짧아지는 이유는 다양하다. 첫째, 노동시장의 유연화다. 기업들이 정규직보다는 계약직, 파견직을 선호하면서 고용 안정성이 크게 떨어졌다. 둘째, 2030세대의 가치관 변화다. 이들은 '워라밸Work-Life Balance'과 개인의 성장을 더 중시하며, 적극적으로 이직을 고려하고 있다. 셋째, 기술 변화의 가속화다. 디지털 전환, AI 도입 등으로 직무와 기술의 생명주기가 짧아지면서, 기업과 개인 모두 변화에 빠르게 적응하는 것이 현실이 되었다. 넷째, 스타트업과 새로운 비즈니스 모델의 등장으로 일자리의 다양성이 확대되었다.

대기업도 예외가 아니다. CEO스코어의 조사에 따르면, 매출액 상위 100대 기업의 평균 근속 연수는 14.03년으로 전년보다 소폭 증가했지만, 기업별 편차가 크다. 기아(21.8년), KT(20.5년)처럼 20년을 넘는 기업이 있는 반면, 두산밥캣(3.2년), 미래에셋캐피탈(4.2년)처럼 5년을 밑도는 기업도 있다. 특히 젊은 세대가 많은 IT, 금융, 컨설팅 업계에서는 평균 근속 연수가 급격히 짧아지고 있다. 네이버(7.4년), 메리츠증권(7.4년), 키움증권(6.58년) 등이 대표적이다. 이런 변화는 기업 경영에도 큰 영향을 미치고 있다. 기업들은 신입 사원의 짧은 근속 연수로 인해 '계획된 인력 충원 부족으로 인한 업무 차질(69.8%)', '반복되는 인력 채용으로 인한 비용 발생(54.1%)' 등의 어려움을 겪고 있다.

평균 근속 연수 6.8년이라는 숫자는 단순한 통계가 아니다. 이는 '평생직장'이라는 개념 자체가 사라졌다는 의미다. 또한 이제는 한 회사에 의존하는 삶이 아니라, 스스로를 지속적으로 개발하고 고용할 수 있는 능력을 길러야 한다는 뜻이기도 하다. 이러한 평생직장 신화의 붕괴는 위기이기도 하지만, 기회이기도 하다. 과거에는 한 회사에서 40년을 버텨야 했다면, 이제는 다양한 경험을 쌓으며 자신을 발전시킬 수 있다. 중요한 것은 이런 변화에 능동적으로 대응하는 것이다.

이를 위해서는 다음과 같은 전략이 필요하다.

첫째, 이직 가능한 역량을 기르는 것이다. 특정 회사에서만 통하는 기술이 아니라, 어디에서든 필요로 하는 역량을 개발해야 한다. 이는 단순한 기술적 스킬뿐만 아니라 문제 해결 능력, 소통 능력, 학습 능력 등을 포함한다.

둘째, 지속적인 네트워킹이다. 한 회사에서만 인맥을 쌓을 것이 아니라, 업계 전체에서 관계를 구축해야 한다. 이직이 당연한 시대에 네트워크는 가장 중요한 자산이기 때문이다.

셋째, 커리어 포트폴리오를 준비하는 것이다. 한 가지 일에만 의존하지 않고, 여러 가지 수익원을 개발해야 한다. 이는 곧 '나를 고용하는 능력'으로 이어지기 때문이다.

평균 근속 연수 6.8년은 새로운 현실이다. 이 현실을 부정하고 과거의 평생직장을 그리워할 것이 아니라, 이를 기회로 삼아 더 자유롭고 다양한 커리어를 설계해야 한다. 중요한 것은 변화를 두려워하지 않고, 변화를 이용할 줄 아는 능력을 기르는 것이다. 6~7번의 이직은 이제 선택이 아닌 필수가 되었다. 그렇다면 각각의 이직을 통해 더 나은 조건과 더 큰 성장을 얻을 수 있도록 준비해야 한다.

또한 과거의 평생직장 시대에는 회사가 개인의 미래를 보장해 주었다. 하지만 이제는 개인이 스스로의 미래를 책임져야 한다. 그 핵심은 바로 '나를 고용하는 능력'을 기르는 것이다.

---

* 이 단계에서 할 일

1. 나의 현재 근속 연수와 업계 평균을 비교해 보기
2. 이직 시 활용할 수 있는 나만의 핵심 역량 3가지 정리하기
3. 현재 회사 밖의 네트워크 현황을 점검하고 확장 계획 세우기

* 셀프 코칭 질문

1. 만약 지금 회사를 떠나야 한다면, 나는 어떤 가치를 가지고 있는가?

2. 평생직장이 불가능한 시대에 나는 어떤 대비를 하고 있는가?

3. 6~7번의 이직을 전제로 한 커리어 플랜을 세운다면 어떻게 될까?

5. 100세 시대, 국민연금만으로는 못 산다

 노후를 말할 때 우리는 국민연금을 떠올린다. 하지만 정작 국민연금으로는 기본 생활도 어렵다. 하지만 공포감에 휩쓸릴 필요는 없다. 현실을 정확히 파악하고, 현명하게 대안을 준비하면 된다.
 2025년 국민연금 평균 수령액은 월 67만 원이다. 40년을 모두 납부한다면 훨씬 더 높은 금액을 받을 수 있다. 하지만 대부분의 사람들은 중간에 소득이 불안정해 모두 납부하지 못하는 것이 현실이다. 문제는 이 67만 원으로 노후 생활을 유지해야 한다는 점이다. 통계청이 제시한 1인 가구 기초생활비를 감안하면 턱없이 부족한 수준이다. 더욱 심각한 것은 성별 격차다. 경력 단절과 낮은 소득으로 인해 여성의 평균 수급액은 남성보다 현저히 낮다.
 노후 최대의 리스크는 뭐니 뭐니 해도 의료비 부담이다. 2021년 65세 이상 고령자의 1인당 진료비는 497만 4천 원, 본인 부담금은 116만 8천 원이었다. 국민연금 67만 원으로는 의료비 본인 부담금도 감당하기 어렵다. 나이가 들수록 의료비는 급격히 증가하고, 75세 이상이 되면 더욱 가파르게 상승한다. 치매나 중증 질환이 발생하면 상황은 더욱 심각해진다. 장기 요양이 필요한 상황이 되면 가족의 경제적 부담은 천문학적으로 늘어난다. 아무리 젊을 때 열심히 준비했어도 중증 질환 하나로 모든 계획이 무너질 수 있다.

우리에게 수명 연장은 축복이자 위기다. 현재 남자 평균 수명은 86.7세, 여성은 90.7세다. 85세까지만 산다 해도 은퇴 후 20년 이상을 더 살아야 한다. 이 기간 동안 국민연금만으로는 기본적인 생활 유지조차 어렵다. 이를 대비하려면 다음과 같은 세 가지 전략이 필요하다.

첫째, 국민연금을 최대한 활용하라. 가입 기간이 30년 이상이면 평균 수령액이 127만 원까지 올라간다. 40년 완전 납부 시에는 더 많은 금액을 받을 수 있다. 임의 계속 가입을 통해 가입 기간을 늘리는 것도 고려해야 한다.

둘째, 평생 소득 모델을 구축하라. 은퇴 후에도 계속 일할 수 있는 능력과 기회를 만들어야 한다. 나이가 들어도 할 수 있는 일, 경험과 전문성을 활용한 일, 온라인을 통한 수익 창출 등 다양한 방법을 모색해야 한다.

셋째, 건강 투자를 최우선으로 하라. 건강해야 의료비를 절약하고, 오래 일할 수 있다. 젊을 때부터 꾸준한 운동, 균형 잡힌 식단, 정기적인 건강 검진이 결국 가장 확실한 노후 대비책이다.

특히 40대는 노후 준비의 골든 타임이다. 아직 20년 이상이 준비 시간이 남아 있다. 이 시간을 어떻게 활용하느냐에 따라 '노후 파산'과 '노후 안정'이 갈린다.

국민연금은 노후 생활비의 전부가 아니라 일부일 뿐이다. 나머지는 스스로 준비해야 한다. 중요한 것은 국민연금이 갖는 장점을 정확히 이해하고 준비하는 것이다.

국민연금은 종신 지급되고, 매년 물가상승률을 반영해 실질 가치를 보장한다. 어떤 사적연금보다 안정적이며, 평균적으로 납부한 보험료보다 최소 2배 이상을 받을 수 있다. 따라서 국민연금을 최대한 활용하는 동시에 부족한 부분을 다른 방법으로 보완하고, 평생 일할 수 있는 능력과 건강을 준비하는 것이 현실적인 노후 대비 전략이다.

* 이 단계에서 할 일

1. 국민연금 예상 수령액을 국민연금공단 홈페이지에서 정확히 확인하기
2. 85세, 90세까지 살 경우 필요한 총 노후 자금 계산해 보기
3. 현재 건강 상태를 정밀 검진하고 건강에 대한 투자 계획 세우기

* 셀프 코칭 질문

1. 국민연금 67만 원으로 어떻게 노후를 보낼 것인가?
2. 나는 몇 살까지 일할 수 있고, 일하고 싶은가?
3. 건강하지 못할 때를 대비해 의료비는 준비되어 있는가?

6. 스펙은 무용지물, 생존력이 경쟁력이다

명문대 출신 20년 경력의 변호사가 2024년 로펌 구조조정으로 길거리에 나앉았다. 화려한 스펙에도 불구하고 재취업 시장에서 고전하고 있다. 반면 전문대 출신 B씨는 유튜브 '세무사 없이 세금 신고하기' 채널로 월 2,000만 원을 벌고 있다. 구독자 12만 명, 세무 상담 대기는 3개월이다.

이것이 2025년 대한민국의 냉혹한 현실이다. 이제 스펙은 회사에 들어가는 입장권일 뿐이다. 정작 중요한 것은 '혼자서도 먹고살 수 있는 능력', 즉 1인 생계 능력이다. 이것이 진짜 경쟁력이다.

우리는 지금까지 믿어왔던 공식을 다시 생각해 보아야 한다. 좋은 대학을 나와 좋은 회사에 들어가면 평생 안전할 것이라는 믿음 말이다. 토익 990점, 각종 자격증들이 입사에는 도움이 되지만 해고를 막아주지는 못한다. 한 회사에서만 통용되는 경력은 그 회사를 벗어나면 무용지물이 되기 쉽다. 회사 내부 시스템에 익숙한 것과 시장에서 통용되는 역량은 다르다.

숫자가 이 모든 것을 말해준다. 국세청 자료에 따르면, 2023년 말

현재 우리나라 전체 사업자 수는 995만 명에 달한다. 이는 전년 대비 2.8% 증가한 수치다. 이 중 개인사업자가 87%를 차지한다. 천만 명 가까이가 혼자 또는 소규모로 사업을 하며 살아가고 있다는 뜻이다. 더 놀라운 것은 이 수치가 매년 증가하고 있다는 사실이다. 2004년 394만 명이었던 사업자가 20년 만에 2.5배 늘었다. 회사가 더 이상 안전하지 않다는 것을 직감한 사람들이 스스로 생계를 책임지는 길을 택하고 있는 것이다.

그 변화의 배경에는 다음과 같은 것들이 있다.

첫째, 평생직장의 붕괴다. SK그룹, LG화학, 이마트 같은 대기업들까지 앞다퉈 구조조정에 나서고 있다. 희망퇴직 연령대도 기존 50대에서 30대까지 내려갔다. 이제 회사는 더 이상 우리를 정년까지 지켜주지 않는다.

둘째, 기술 발전으로 인한 일자리 위협이다. 맥킨지 글로벌 연구소의 〈Jobs lost, jobs gained: Workforce transitions in a time of automation〉이라는 보고서에 따르면, 2030년까지 전 세계적으로 최대 8억 명이 자동화 기술로 인해 일자리를 잃을 수 있다고 한다. 이미 단순 반복 업무는 물론이고, 데이터 처리, 회계, 법률 보조 업무까지 AI가 대체하기 시작했다.

셋째, 새로운 기회의 생성이다. 인터넷과 모바일 기술 발전으로 개인도 전 세계를 상대로 사업할 수 있게 됐다. 유튜브, 인스타그램, 온라인 강의, 전자상거래 등 1인 사업자에게 유리한 플랫폼들이 계속 등장하고 있다. 이렇게 성공하는 1인 사업자들을 관찰해 보면 명확한 공통점이 있다. 스펙이 아니라 생존력에 집중한다는 것이다.

그렇다면 이들이 지닌 생존력은 어떤 특징을 가지고 있을까?

첫 번째는 명확한 고객 정의다. 막연히 '많은 사람'을 대상으로 하지 않는다. 구체적으로 누구의 어떤 문제를 어떻게 해결해 줄 것인지를 명확하게 정의한다. 앞서 언급한 B씨의 경우, '세무사 비용이 부담스러운 소상공인'이라는 명확한 고객층을 타깃으로 했다.

두 번째는 시간을 파는 것이 아니라 가치를 파는 구조를 만든다는 것이다. 과외나 번역 같은 전통적인 1인 사업은 일하는 시간에 비례해서 돈을 번다. 하지만 최근 성공하는 사람들은 온라인 강의, 전자책, 구독 서비스처럼 한 번 만들면 계속 팔 수 있는 구조를 만든다.

세 번째는 기존 전문성을 새롭게 조합한다는 것이다. 이들은 완전히 새로운 것을 만들어내는 것이 아니라, 자신이 가진 경험과 지식을 시장의 니즈에 맞게 재조합한다. 회계사 출신이 유튜브와 만나 세무 상담 사업을 하거나, 마케팅 경험자가 온라인 강의를 통해 마케팅 컨설팅을 하는 식이다.

스펙 중심의 사고에 비해 생존력 중심 사고는 완전히 다른 판단을 요구한다. 누군가가 돈을 지불할 만한 문제를 찾고 해결하는 능력, 고객과 신뢰 관계를 맺는 능력, 변화하는 시장에 빠르게 적응하는 능력, 내 이름과 전문성을 알리는 능력이 핵심이다. 이제는 특정 회사의 '부장'이라는 직책보다는 '이 분야 전문가'라는 평판이 더 중요한 시대가 되었기 때문이다.

하지만 갑자기 회사를 그만두고 1인 사업에 뛰어드는 것은 매우 위험하다. 현명한 방법은 부업으로 시작해서 점진적으로 키우는 것이다. 주말 3~4시간으로 시작해서 월 50만 원 정도로 수익이 안정화되면 평일 저녁 시간도 투입한다. 그리고 월 300만 원이 꾸준히 나오면 그때 본업 전환을 고려해 보자.

부업 단계에서는 완벽함보다 속도가 중요하다. 일단 시작하고 시장에서 검증받는 것이 핵심이다. 고객의 반응을 보면서 조금씩 개선해 나가는 것이 올바른 방향이다. 처음부터 완벽한 서비스를 만들려고 하면 시작도 못하고 끝날 수 있다.

기존 직장에서 쌓은 인맥은 1인 사업의 가장 큰 자산이 된다. 그러니 조직에 있을 때 단순한 지인 관계가 아니라 서로 도움을 주고받을 수 있는 비즈니스 네트워크로 발전시켜야 한다. 그러면 전 직장 동료들이 첫 번째 고객이 되는 경우가 많다. 그들은 당신의 실력을 가장 잘 알고 있고, 신뢰도 높기 때문이다. 중요한 것은 일방적으로 도움을 요청하는 것이 아니라, 상호 도움을 주고받는 관계를 만드는 것이다. 내가 도움을 줄 수 있는 부분으로는 정보 공유, 고객 소개, 협업 기회 제공 등 다양한 방법이 있다.

1인 사업의 가장 큰 장점은 실패 비용이 적다는 것이다. 대기업에서 신사업을 시도하면 수억 원의 비용이 들지만, 개인은 몇십만 원으로도 시작할 수 있다. 실패해도 큰 손실이 없으니 과감하게 시도해볼 수 있다. 중요한 것은 빠르게 실패하고, 빠르게 배우는 것이다. 한 가지 아이디어에 너무 오래 매달리지 말고, 시장 반응을 보면서 빠르게 방향을 바꿔야 한다. 실패를 경험과 노하우를 축적하는 과정으로 생각해야 한다.

미래는 생존 능력을 갖춘 사람들이 살아남는다. 회사가 더 이상 안전하지 않다면, 스스로 안전망을 만들어야 한다. 스펙을 쌓는 데 시간을 쓰지 말고, 생존력을 키우는 데 집중해야 한다. 나 자신이 CEO가 되어 오늘부터 자신이 가진 전문성으로 누군가의 문제를 해결해 보자. 작은 프로젝트부터 시작해서 점진적으로 키워나가 보라. 완벽한 계획을 세우려 하지 말고, 일단 시작하고 실행하면서 배워나가 보라.

✽ 이 단계에서 할 일

1. 자신의 전문성으로 해결할 수 있는 문제 3가지 정의하기: 현재 업무에서 자주 받는 질문, 동료들이 도움을 요청하는 분야, 내가 다른 사람보다 잘하는 것을 구체적으로 정리한다.

2. 각 문제에 대해 돈을 지불할 의사가 있는 잠재 고객 10명 리스트업: 실제 이름과 연락처가 있는 구체적인 사람들로 리스트를 만든다. 막연한 '누군가'가 아닌 실제로 존재하는 사람들이어야 한다.

3. 가장 현실적인 하나의 문제로 이번 주말 MVP(Minimum Viable Product: 최소 기능 제품) 테스트 시작하기: 완벽한 서비스가 아닌 최소한의 기능으로 고객 반응을 테스트한다. 카카오톡 상담, 간단한 자료 제공 등으로 시작할 수 있다.

＊ 셀프 코칭 질문

1. 만약 내일 회사를 그만둔다면, 3개월 안에 월 100만 원이라도 벌 방법이 있는가?

2. 나의 전문성으로 누군가의 문제를 해결해본 경험이 최근 1년 내에 있는가?

3. 내 이름만으로 프로젝트를 맡길 만큼 신뢰하는 사람이 업계에 5명 이상 있는가?

PART2 : 하프타임
- 작전 재정비와 마인드셋 혁명

"당신의 후반전을 설계하라!"

1. 나는 지금 뜨거운가?

나의 지식이 독한 회의를 구救하지 못하고

내 또한 삶의 애증을 다 짐지지 못하여

병든 나무처럼 생명이 부대낄 때

저 머나먼 아라비아의 사막으로 나는 가자

- 유치환, 〈생명의 서〉 중에서 -

  유치환의 이 시는 변화에 대한 가장 본질적인 메시지, 즉 기존의 지식과 시스템으로는 해결되지 않는 삶의 고통, 사랑과 미움의 무게에 짓눌린 자아, 그리고 병든 나무처럼 생명이 부대낄 때의 절망을 담고 있다. 하지만 시인은 그 절망 속에서 '저 머나먼 아라비아의 사막으로 나는 가자'는 새로운 선택을 한다. 이것은 단순한 도피가 아니라 진정한 변화를 향한 용기 있는 선택을 뜻한다.

당신은 지금 뜨거운가?

당신은 월요일 아침이 기대되는가? 지금 하는 일을 자녀에게 권하겠는가? 돈을 받지 않아도 할 수 있겠는가? 10년 후에도 이 일을 하고 싶은가?

이 질문들에 "그렇다"고 답할 수 있다면, 당신은 아직 타오르고 있는 것이다. "아니다"라고 답했다고, 절망할 필요도 없다. 불씨는 여전히 당신 안에 있기 때문이다.

2024년 한국직업능력연구원이 조사한 바에 따르면, 한국인의 직업 만족도는 40대 직전까지 저하하다가 40대 이후에 증가하는 것으로 나타났다. 즉, 40대가 직업 만족도의 최저점이라는 의미다. 2024년 잡코리아의 조사에 따르면, 직장인의 69%가 번아웃 증후군을 겪었다고 답했다. 30대에서는 75.3%가 번아웃을 경험했다고 답했고, 40대에서도 60.5%가 극심한 피로와 무기력증을 느꼈다고 답했다. 2024년 한국경영자총협회의 조사에서는 20~40대 직장인의 69.5%가 이직을 고려 중이라고 답했다. 40대에서는 58.2%가 이직을 고려한다고 답했다. 이는 단순한 불만이 아니라 변화에 대한 갈망을 가지고 있음을 뜻한다.

매일 아침 지하철에서 만나는 피곤한 얼굴들을 떠올려 보라. 스마트폰을 들여다보며 남의 인스타그램을 구경하고, 점심시간에는 동료와 "요즘 애들은 버릇없다"며 불평하고, 저녁에는 편의점 맥주로 하루를 달래는 사람들. 이들은 "저는 S증권에 다니는 K차장입니다"라고 자신을 소개한다. 하지만 정작 "K차장은 누구입니까?"라는 질문에는 답하지 못한다.

월급은 과거에 대한 보상이다. 어제까지 한 일에 대해 돈을 주는 것이다. 반면에 열정은 미래에 대한 투자다. 내일 할 일에 대한 기대감이다. 그런데 많은 직장인들이 미래를 포기하고 과거에만 매달려 산다.

하지만 소수의 사람들은 다르다. 이들은 일 자체에서 의미를 찾는다. 회사는 그들의 소명을 실현하는 플랫폼일 뿐이다. 언제든 독립할 수 있다고 말하는 이들의 눈은 여전히 살아 있다.

"이제 나이가 들어서 열정을 논할 때가 아니다"라고 말하는 40대를 자주 본다. 하지만 이는 완전히 잘못된 생각이다. 오히려 반대다. 40대의 열정이 더 강력하다. 20대의 열정은 불꽃이다. 화려하지만 금세 꺼진다. 40대의 열정은 용광로다. 더 뜨겁고, 더 지속되며, 더 많은 것을 녹여 새로운 형태로 만들어낸다. 왜 그럴까? 경험과 네트워크, 그리고 절실함이 결합된 힘이기 때문이다. 20대는 실패해도 다시 시작할 수 있다고 생각한다. 40대는 이번이 마지막 기회라고 생각한다. 이 절실함이 더 강력한 추진력을 만든다.

그러기 위해서는 먼저 과거로 돌아가 볼 필요가 있다. 당신은 20대 때 무엇에 열중했는가? 대학 시절에 동아리 활동은 무엇이었는가? 첫 직장에서 가장 재미있게 한 업무는 무엇이었는가? 그 시절 당신은 분명히 뜨거웠을 것이다.

한 40대 직장인 A씨는 대학 시절 사진 동아리 활동을 떠올렸다. 그는 퇴근 후 사진을 다시 시작했고, 지금은 웨딩 포토그래퍼로 제법 괜찮은 수입을 올리고 있다. 그는 "20년 전의 열정을 다시 주워 담았더니 돈도 따라왔어요"라고 말했다.

현재도 잘 살펴봐야 한다. 주말에 시간 가는 줄 모르고 하는 일이 있는가? 다른 사람들이 당신에게 조언을 구하는 분야는 무엇인가? 회사 업무 중 가장 재미있는 것은 무엇인가? 이것들이야말로 바로 당신의 열정 DNA라고 할 수 있다.

갑자기 회사를 그만둘 필요는 없다. 퇴근 후나 주말을 활용해 작은 실험을 시작하라. 40대 마케터인 K씨는 퇴근 후 브런치에 마케팅 칼럼을 썼다. 6개월 후 그의 글을 본 스타트업에서 컨설팅 의뢰가 들어왔다. 지금은 프리랜서 마케팅 컨설턴트로 직장 때보다 더 많은 수입을 올린다.

영업 스킬 강의로 유명한 강사 B씨는 40대 초반에 희망퇴직 후 20년간 쌓은 영업 경험을 바탕으로 영업 컨설팅 회사를 차렸다. 지금은 직장을 다닐 때보다 더 바쁘고, 더 많이 벌고, 더 행복하다. 그는 "20년간 남의 회사를 위해 일했는데, 이제 내 이름으로 일하니까 모든 게 다르더라고요. 같은 일인데 완전히 다른 일이에요"라고 말했다.

열정은 전염성이 있다. 열정적인 사람 주변에는 기회가 몰려든다. 필자의 지인이자 전문코치이며 보험설계사인 C씨는 "보험을 팔 때와 보험 컨설팅을 할 때의 고객 반응이 완전히 달라요. 전자는 일이고, 후자는 열정이거든요"라고 말했다. 열정은 개인의 감정이 아니라 비즈니스의 핵심 자산인 것이다.

40대에게 주어진 선택은 명확하다. 남은 인생을 월급봉투에 갇힌 채 살 것인가, 아니면 다시 한 번 타오르며 살 것인가. 열정은 선택이다. 나이나 환경의 문제가 아니라 당신이 결정하는 것이다.

당신도 한때는 뜨거웠다. 그리고 다시 뜨거워질 수 있다. 중요한 것은 그 시점을 놓치지 않는 것이다. 당신은 언제 뜨거운가? 그리고 당신은 지금 뜨거운가?

* 이 단계에서 할 일

1. 과거의 열정 탐구: 20대 때 가장 몰입했던 활동 3가지를 적어보고, 왜 그때 열정적이었는지 분석해 보자.
2. 현재의 열정 신호 포착: 주말에 시간 가는 줄 모르고 하는 일, 다른 사람에게 조언하는 분야를 파악해 보자.
3. 작은 실험 시작: 발견한 열정 분야에서 한 달간 작은 프로젝트를 시작해 보자.

* 셀프 코칭 질문

1. 나는 어떤 일을 할 때 시간 가는 줄 모르는가?
2. 내 전문성 중 다른 사람에게 가르쳐줄 수 있는 것은 무엇인가?
3. 10년 후 나는 무엇으로 기억되고 싶은가?

2. 하루 2시간으로 인생을 바꿔보자

당신의 하루는 24시간이다. 그중 2시간을 먼저 떼어내 보라. 그 2시간이 나머지 22시간을 의미 있게 만든다.

40대 중반쯤 되면 문득 '이대로 살다가 정년퇴직하면 뭐가 남을까?' 라는 생각이 들 수 있다. 자녀 교육비도 계속 늘어나고, 부모님 병원비도 만만치 않다. 회사에서는 구조조정 얘기가 나돌고, 후배들은 이미 창업이니 부업이니 하며 제2의 인생을 준비하고 있다.

"시간은 누구에게나 공평하다"는 말이 있다. 이 거짓말을 믿지 마라. 우리는 24시간을 잘못 살고 있다. 모든 사람에게 하루는 24시간이다. 그런데 왜 어떤 사람은 변화하고, 어떤 사람은 그대로일까? 답은 간단하다. 진짜 자신의 시간으로 사는 사람과 남의 시간으로 사는 사람의 차이다. 여기서 핵심은 24시간을 어떻게 나누느냐가 아니라, 가장 중요한 2시간을 먼저 확보하느냐다.

45세 팀장 K씨의 하루를 한번 보자. 아침 7시 출근, 저녁 8시 퇴근, 집에 도착하면 9시, 저녁 먹고 아이들 숙제 봐주고 나면 10시 30분, 뉴스나 유튜브 보다 보면 12시, 잠자리에 들면 새벽 1시. 그러던 어느 날 불쑥 이런 생각이 들었다.

'나를 위한 시간은 도대체 언제 있는 거지?'

이런 일상이 반복되면서 20년이 흘렀다. 그런데 같은 조건의 입사 동기인 C씨는 건물주가 되었다. 그는 어떻게 해서 건물을 샀을까? 어떻게 자격증을 따서 강의까지 하게 됐을까? 차이는 단 하나. C씨는 새벽 5시에 일어나 자신을 위해 2시간을 썼다는 것이다.

성공한 사람들의 시간 사수법

〈타임〉지에 따르면, 애플 CEO인 팀 쿡은 매일 새벽 3시 45분에 기상해 한 시간가량 이메일을 확인하고 체육관에서 운동한 후 커피를 챙겨 회사로 출근한다고 한다. 그는 하루 중 가장 고요한 시간에 남의 일이 아닌, '내 인생을 위한 시간'에 먼저 투자하고 있는 것이다.

시간대는 중요하지 않다. 새벽이든, 저녁이든, 주말이든 상관없다. 중요한 것은 그 2시간만큼은 온전히 자신만의 시간을 가져야 한다는 것이다. 그 2시간만큼은 회사도, 가족도, 친구도 침범할 수 없는 절대적인 자신의 시간이어야 한다.

하이데거는 시간을 '시계 시간'과 '체험 시간'으로 나눴다. 시계 시간은 물리석으로 흘러가는 시간을, 체험 시간은 우리가 의미를 부여하며 살아가는 시간을 말한다. 대부분의 사람들은 시계 시간만 보며 살고 있다. 그냥 시간이 흘러가는 것을 바라보고 있을 뿐이다.

우리는 여가를 잘못 이해하고 있다. 여가는 쉬는 것이 아니라 자신을 찾는 것이다. 그런데 현대인들의 여가는 대부분 수동적이다. 유튜브를 보고, 넷플릭스를 보고, 게임을 하고, 인스타그램을 본다. 이런 것들은 여가가 아니라 시간 소비다.

아리스토텔레스는 여가를 '스콜레schole'라고 했다. 이것이 바로 영어 'school'의 어원이다. 즉, 여가는 배우는 것이다. 자신을 발전시키는 것이다. 하지만 우리는 여가를 소비하고 있다. 마치 패스트푸드를 먹듯이, 빠르고 쉽게 소비할 수 있는 콘텐츠들을 섭취하고 있다.

좋아하는 일에 쓰는 시간은 잡일에 지친 심신을 구해준다. 우리는 회사에서 8시간 일하고 지쳐서 집에 온다. 그런데 그 지친 몸으로 자신이 좋아하는 일을 하면 오히려 에너지가 생긴다. 이상한 일이다. 이것이 바로 능동적 시간의 힘이다.

46세인 마케팅팀 차장 L씨는 퇴근 후 매일 새벽 5시면 잠자리에서 일어나 블로그에 글을 쓴다. 하루 종일 회사에서 기획서를 쓰고 왔는데, 집에서 또 글을 쓴다. 아내의 "미쳤다"는 말에 그는 이렇게 답했다.

"회사에서는 남의 글을 쓰는 거고, 블로그에서는 내 글을 쓰는 거요."

3년 후 그의 블로그는 월 방문자 10만 명을 넘어섰다. 광고 수입이 생기기 시작했다. 출판사에서 책 출간 제의가 들어왔다. 강의 요청이 들어왔다. 그가 블로그에 쓴 시간은 총 1,000시간 정도였다. 하루 1시간씩 3년간, 그 1,000시간이 그에게 제2의 인생을 만들어준 것이다.

42세인 IT팀 과장 P씨는 퇴근 후 유튜브 채널을 운영한다. 원래 요리를 좋아했던 터라 가족들을 위한 요리로 영상을 만들어 올리기 시작했다. 처음에는 조회수가 100개도 안 됐다. 하지만 포기하지 않고 매일 새벽 6시에 일어나 요리하고 편집했다. 그러자 2년 후 구독자가 5만 명을 넘어섰다. 지금은 요리 관련 광고 제의가 들어오고, 레시피북도 출간했다. 그는 말한다.

"회사에서는 남의 시스템을 관리하지만, 유튜브에서는 내 요리를 합니다."

2시간이 만든 기적

나는 40세부터 매일 4시에 일어나 글을 쓰고 있다. 직장생활을 하면서도 새벽 2시간을 포기하지 않았다. 이것은 단순한 습관이 아니었다. 절박함에서 비롯된 것이었다. 변화에 대한 강한 열망이 있었기에 이 시간을 지킬 수 있었다. 하루 2시간, 일주일 14시간, 한 달 60시간. 그 시간들을 모아 20년 동안 32권의 책을 썼다. 박사 학위도 받았고, 직장생활을 하면서 전문코치로, 겸임교수로 다양하게 살았다.

사람들은 "어떻게 직장생활 하면서 그럴 수 있었냐?"고 묻는다. 답은 간단하다. 나는 24시간 중 2시간을 먼저 떼어놓고 하루를 시작했다. 그 2시간만큼은 절대 포기하지 않았다. 회사에서의 8시간은 남의 시간이었지만, 새벽 2시간은 내 시간이었다. 그 2시간이 나머지 22시간을 의미 있게 만들었다.

40대 중반이 넘으면 남은 시간이 보인다. 정년까지 15년, 건강한 시간은 10년 남짓. 지금 시작하지 않으면 언제 시작할 것인가? 60세가 되어서? 그때는 이미 늦다.

"시간은 돈이다"라는 말이 있다. 하지만 이것은 반만 맞는 말이다. 시간은 돈보다 더 귀하다. 돈은 벌 수 있지만, 시간은 되돌릴 수 없다. 그런데 우리는 시간을 돈보다 함부로 쓴다.

회사에서의 8시간, 그것은 어쩔 수 없다. 가족을 위해서 필요하다. 하지만 나머지 시간까지 남에게 맡겨놓을 필요는 없다. 넷플릭스나 유튜브에게 맡겨놓을 필요도 없다. 그 시간을 자신에게 되돌려 주어야 한다.

이제부터는 수동적 여가를 적극적 여가로 바꿔야 한다. 소비하는 시간을 창조하는 시간으로 바꿔야 한다. 남의 시간을 내 시간으로 바꿔야 한다. 그 작은 변화가 5년 후 당신의 인생을 완전히 바꿔놓을 것이다.

시간이 남을 때 자신을 위한 시간을 갖는 것이 아니라, 자신을 위한 시간을 먼저 확보해야 한다. 24시간 중 2시간을 먼저 떼어내라. 그리고 그 2시간을 자신의 미래를 위해 절대적으로 투자하라.

새벽 5시든, 저녁 10시든, 주말 오전이든 상관없다. 당신에게 맞는 시간을 찾아라. 그리고 그 시간만큼은 절대 포기하지 마라. 아무도 침범할 수 없는 당신만의 시간으로 만들어라. 지금 당장 시작하라. 내일부터 당신만의 2시간을 확보하라. 그 작은 변화가 당신에게 제2의 인생을 만들어줄 것이다.

* **이 단계에서 할 일**

1. 현실 직시하기: 일주일간 퇴근 후부터 잠들기까지 시간을 정확히 기록한다. 스마트폰, TV, 유튜브에 쓰는 시간이 얼마나 되는지 확인한다. 그리고 정년까지 남은 시간을 계산해 본다.
2. 나만의 2시간 설계: 새벽, 저녁, 주말 중 가장 방해받지 않을 시간대를 찾는다. 가족들과 협의해서 그 시간만큼은 절대 침범하지 않기로 약속한다.
3. 2시간 사수 작전: 선택한 시간을 회사의 중요한 회의처럼 취급한다. 다른 모든 약속보다 우선순위에 두고, 핑곗거리를 찾지 않는다.

* **셀프 코칭 질문**

1. 정년퇴직 후 나는 무엇으로 먹고살 것인가? 지금의 월급 외에 다른 수입원이 있는가?
2. 10년 후에도 지금 하는 일을 계속할 수 있을까? 회사가 나를 계속 필요로 할까?
3. 2시간을 내 미래에 투자한다면, 5년 후 어떤 모습이 되고 싶은가?

3. 어떻게 일가를 이룰 것인가?

"변화라는 것은 여유 있는 사람들의 행복한 비명 같아요."

주변에서 흔히 들을 수 있는 직장인들의 말이다. A씨도 그렇게 말하던 친구였다. 그는 20년간 같은 회사에서 같은 일을 해왔다. 안정적이었다. 편안했다. 변화? 그건 성공한 사람들이나 고민하는 사치라고 생각했다.

그런데 회사가 커지고 외부의 전문 인력들이 늘어나던 어느 날, 그가 내게 말했다.

"형, 저는 이제 전문가가 아니라 단순한 반복 작업자가 된 것 같아요."

변화 없이는 절대 일가를 이룰 수 없다. 이것은 진리다. 그런데 우리는 변화를 두려워한다. 특히 40대가 넘으면 더욱 그렇다. 자녀 교육비는 천정부지로 치솟고, 부모님 병원비는 늘어만 간다. 주택담보대출 상환도 10년 넘게 남았다. 이런 상황에서 안정적인 월급을 포기하고 변화를 시도한다는 것은 대단히 무모해 보이게 마련이다.

하지만 현실을 직시하자. 세상은 변한다. 기술은 발전한다. 시장은 움직인다. 당신만 그대로 있을 수는 없다. 변화를 거부하면 결국 변화의 부메랑에 당하게 된다. A씨의 경우처럼 말이다.

변화는 피할 수 없고 불확실성은 늘 우리를 따라다닌다. 따라서 변화를 두려워할 것이 아니라 변화의 주인이 되어야 한다. 변화당하지 말고 변화해야 한다. 끌려가지 말고 이끌어야 한다.

스승의 세 가지 질문

20년 전, 나는 구본형 선생의 '5천만의 꿈[1]' 프로그램에 참가했다. 현금 100만 원을 입금하고, 'My Story'라는 제목으로 지금까지 살아온 이야기를 A4 10장에 써서 제출해야 입소할 수 있었다. 3박 4일 내내 밥 한 끼 먹지 못하고 단식을 하면서 개별 코칭과 그룹 코칭을 받았다. 구본형 선생은 매일 4시에 일어나 글을 쓰고 있었다. 나도 4시에 일어나는 습관 때문에 글을 쓰는 그와 대화할 기회가 생겼다.

그는 나에게 세 가지 질문을 했다.

"자네, 지금까지 직장생활을 하면서 가장 잘할 수 있는 게 무엇인가?"

나는 "영업입니다"라고 답했다.

"앞으로 아무런 제약도 없다면 어떤 일을 하고 싶은가?"

나는 그때 코칭에 흥미가 있어서 "코치요"라고 답했다.

"잘하는 것과 하고 싶은 것 두 개를 합쳐서 새로운 직업을 만든다면 뭐라고 부르겠나?"

---

[1] 3박 4일 단식하며 미래의 풍광을 그려보는 자기 혁명 프로그램

나는 잠시 고민하다가 "세일즈 코치요"라고 답했다.

그로부터 10년 후인 2015년, 나는 대한민국 최고의 코치로 인정받는 '대한민국 코치 대상'을 수상하면서 올해의 코치로 선정되었다. 이것이 바로 내가 자기 혁명의 지도를 만드는 과정이었다. 좋은 스승이 던진 좋은 질문이 인생을 바꾼 것이다.

일가를 이루는 공식

'잘하는 것+하고 싶은 것=나만의 영역'

이것이 바로 일가를 이루는 공식이다. 단순하지만 강력하다.

47세에 변화를 시도한 K부장의 경우를 보자. 그는 대기업 마케팅팀 부장이었지만 요리에 관심이 많았다. 퇴근 후와 주말에 요리 블로그를 운영하기 시작했다. 처음에는 가족들이 "놀 시간도 없으면서 왜 그러냐"고 했다. 하지만 2년 후 블로그가 인기를 얻으면서 요리책 출간 제의가 들어왔다. 지금은 요리 분야 인플루언서로 활동하며 강의료와 광고 수입으로 본업 못지않은 수입을 올리고 있다. 그의 공식을 요약하면, '마케팅 실력(잘하는 것)+요리(하고 싶은 것)=요리 콘텐츠 크리에이터'가 된다.

유재석은 원래 개그맨이었다. 하지만 단순히 웃기는 것을 넘어서 MC로 변화했다. 그리고 나중에는 예능 프로듀서 역할까지 하게 되었다. 같은 방송계이지만 완전히 다른 영역으로 확장했다. 그의 공식을 요약하면, '개그 실력(잘하는 것)+사람들과 소통(하고 싶은 것)=국민 MC'가 된다.

물론 이들도 처음부터 완벽한 계획이 있었던 것은 아니었다. 작은 변화부터 시작해서 점진적으로 영역을 확장해 나갔다.

현실적 변화 전략은 점진적으로

40대가 넘어서 무작정 모든 것을 바꿀 수는 없다. 현실적 제약이 있다. 하지만 포기할 필요는 없다. 점진적 변화 전략을 쓰면 된다.

· 1단계: 작은 실험부터

지금 하는 일에서 조금씩 다른 시도를 해본다. 새로운 프로젝트에 지원하고, 새로운 기술을 배우고, 새로운 사람들과 네트워킹한다.

· 2단계: 부업으로 가능성 탐색

본업을 유지하면서 부업으로 하고 싶은 일을 시도해 본다. 블로그를 쓰고, 강의를 하고, 컨설팅을 해본다. 위험은 최소화하면서 새로운 가능성을 탐색한다.

· 3단계: 본격적 전환

부업이 본업 수입의 50% 이상이 되면 그때 본격적 전환을 고려한다. 완전한 전환이 아니라도 일주일에 3일은 새로운 일, 2일은 기존 일을 하는 방식도 가능하다.

변화에는 반드시 갈등이 따른다. 내적 갈등과 외적 갈등 모두를 받아들여야 한다. 갈등 없는 변화는 진정한 변화가 아니다. '내가 정말 할 수 있을까?', '지금 포기하면 어떻게 하지?', '실패하면 어떻게 하지?'와 같은 불안과 두려움이 계속 엄습할 것이다. 하지만 이것은 정상이다. 변화를 할 때 모든 사람이 겪는 과정이다.

가족과 친구들의 반대, 동료들의 시선, 사회적 편견도 있을 것이다. "안정적인 직장 놔두고 왜 그래?", "나이 들어서 무슨 도전이야?", "실패하면 책임질 거야?"와 같은 말도 들을 수 있다. 하지만 이런 갈등들이야말로 변화의 증거다. 갈등이 있다는 것은 진정한 변화가 일어나고 있다는 뜻이다.

당신만의 공식을 만들어라

구본형 선생의 세 가지 질문을 바탕으로 당신만의 자기 혁명 지도를 만들어 보자.

· 첫 번째 질문: 지금까지 가장 잘할 수 있는 것은 무엇인가?

솔직하게 자신을 점검한다. 20년간 쌓아온 경험과 노하우 중에서 정말 잘할 수 있는 것이 무엇인지 찾아본다. 이것이 당신의 핵심 자산이다.

· 두 번째 질문: 아무런 제약 없이 하고 싶은 것은 무엇인가?

돈, 시간, 사회적 시선 등 모든 제약을 없애고 생각해 본다. 정말 하고 싶은 것이 무엇인지 찾아본다. 이것이 당신의 열정이다.

· 세 번째 질문: 둘을 합쳐서 새로운 직업을 만든다면?

잘하는 것과 하고 싶은 것을 결합해서 새로운 영역을 만들어본다. 이것이 당신만의 차별화된 경쟁력이다.

변화의 결과는 누구도 예측할 수 없다. 성공이 100% 보장되는 변화는 없다. 하지만 그렇다고 해서 변화하지 않으면 100% 실패다. 현재에 안주하는 것이 더 위험하다. 불확실성을 받아들이는 것이 변화의 시작이다. 완벽한 계획을 세우려고 하지 마라. 완벽한 시점을 기다리지 마라. 지금 시작하라.

세상은 변한다. 기술은 발전한다. 시장은 움직인다. 이것을 막을 수는 없다. 하지만 변화의 주인이 될 수는 있다. 일가를 이루는 것은 특별한 재능이 아니라 변화하는 용기다. 지금 시작하라. 작은 변화부터 시삭하라. 낭신의 자기 혁명 지도를 만들어라. 그리고 그 지도를 따라 걸어라. 길은 걸어가면서 만들어진다.

* 이 단계에서 할 일

1. 3가지 핵심 질문 답하기: 구본형 선생의 3가지 질문에 솔직하게 답해본다. 잘하는 것, 하고 싶은 것, 둘을 합친 새로운 영역을 A4 용지에 1장씩 써본다.
2. 현실적 제약 점검: 가족 상황, 경제적 부담, 시간적 제약 등을 냉정히 파악한다. 이를 바탕으로 3단계 변화 전략을 세워본다.
3. 작은 변화 시작: 작은 변화를 하나 실행해본다. 새로운 책 읽기, 새로운 사람 만나기, 새로운 기술 배우기 등.

* 셀프 코칭 질문

1. 내가 가장 잘할 수 있는 것은 무엇인가? 이것으로 돈을 벌 수 있는가?
2. 모든 제약이 없다면 정말 하고 싶은 일은 무엇인가? 왜 하고 싶은가?
3. 잘하는 것과 하고 싶은 것을 합쳐서 새로운 직업을 만든다면 뭐라고 부르겠는가?

4. 기준의 생산자가 되어라

1969년 7월 20일, 미국의 닐 암스트롱이 달에 첫발을 내디뎠다. 전 세계는 환호했다. 그렇다면 두 번째로 달에 발을 내딛은 사람은 누구일까? 버즈 올드린이다. 하지만 이를 아는 사람은 거의 없다. 고작 몇 분 차이인데, 첫 번째와 두 번째의 차이는 하늘과 땅만큼이나 크다.

이처럼 최초라는 임팩트는 생각보다 매우 크다. 특히 1인 기업가에게는 더욱 그렇다. 1인 기업가는 대기업처럼 자본도 없고, 인력도 없고, 브랜드도 없기에 오직 차별화된 무언가로 승부해야 한다. 그 무언가 중 하나가 바로 '최초'라는 수식어다.

평범한 방식으로 수행하면 평범해질 뿐이다. 남들과 같은 일을 같은 방식으로 하면 평범한 결과를 얻는다. 하지만 남들과 다른 일을 다른 방식으로 하면 특별한 결과를 얻을 가능성이 높아진다.

대부분의 사람들은 위험을 피하려고 한다. 안전한 길을 택하려고 한다. 하지만 안전한 길은 이미 많은 사람들이 가고 있는 길이다. 경쟁이 치열하다. 역설적으로 더 위험할 수 있다.

최진석 교수는 "기준의 생산자가 되라. 선진국을 따라하는 시대는 지났다"라고 말했다. 이제는 우리가 선진국이다. 우리가 만드는 것이 기준이다. 누구를 따라하는 대신 스스로 기준을 만들어야 한다.

이것이야말로 1인 기업가에게 필요한 마인드셋이다. 남들이 만든 기준을 따라가지 말고, 새로운 기준을 만들어야 한다. 남들이 만든 시장에서 경쟁하지 말고, 새로운 시장을 만들어야 한다.

'최초'라는 기준의 생산자

나는 영업담당자를 거쳐 오랫동안 영업관리자로 일했다. 현장에서 팀을 이끌며 성과를 내는 일이었다. 그런데 우리나라에 영업관리자를 전문적으로 양성하는 교육이 없다는 것을 발견했다. 영업사원을 위한 교육은 많았지만, 영업관리자를 위한 체계적인 교육은 전무했다.

여기서 기회를 찾았다. 나는 전략적으로 이 부분을 새로운 직업으로 만들기로 했다. '세일즈 코치'라는 새로운 직업을 창조한 것이다. 단순히 영업을 하는 것이 아니라, 영업관리자들에게 세일즈 매니지먼트와 코칭을 가르치는 전문가가 되었다.

하지만 여기서 멈추지 않았다. 한국 최초로 '세일즈 매니지먼트와 코칭'으로 박사 학위도 받았다. 아무도 시도하지 않던 분야였다. 교수들도 "그게 학문이 되나?"라고 의구심을 나타냈다. 하지만 나는 확신했다. 이것이 새로운 학문 분야가 될 수 있다고.

대학원 입학시험 때 면접관들이 "세일즈 매니지먼트 코칭이 뭐냐?"고 물었다. 나는 "영업관리 현장에서 20년간 쌓은 경험과 코칭 이론을 결합한 새로운 영역입니다. 기존에는 없었지만, 앞으로 반드시 필요한 분야입니다"라고 답했다. 그들은 고개를 갸웃거렸다. 하지만 나는 포기하지 않았다. 박사 논문을 쓰는 5년 동안 세일즈 매니지먼트 코칭이라는 분야를 학문적으로 정립했다. 영업관리학과 코칭학을 결합한 새로운 이론 체계를 만들었다.

그 결과, 국내 최초의 영업경영전문대학원인 서울과학종합대학원 영업혁신MBA 주임교수가 될 수 있었다. 내가 만든 새로운 기준이 학문으로, 교육과정으로 인정받는 순간이었다. 그리고 국내 최초로 세일즈 매니지먼트 코칭 책도 썼다. 《CEO, 코치에게 영업을 묻다》였다. 서점에는 영업 책도 있고, 코칭 책도 있었다. 하지만 영업관리와 코칭을 결합한 책은 없었다. 나는 새로운 기준을 만들었다.

이처럼 기준의 생산자가 되는 대표적인 것으로는 바로 최초가 되는 것이 있다. 남들이 만든 기준을 따라가는 대신 새로운 기준을 만들어야 하는 이유다. 나는 영업관리자 양성이라는 아무도 주목하지 않았던 분야에서 새로운 기준을 만들었다.

대기업은 큰 시장을 노린다. 하지만 1인 기업가는 작은 시장에서 1등을 하는 것이 현명하다. 틈새를 찾아서 그 분야의 최고가 되어야 한다. 틈새란 남들이 관심 없어 하는 작은 시장이다. 하지만 그 작은 시장에서 1등을 하면 큰 시장으로 확장할 기반을 마련할 수 있다. 작은 연못의 큰 물고기가 되어야 한다.

송은이는 방송인이 되기 어려운 조건이었다. 외모도 평범했고, 키도 작았다. 그래서 그녀는 '털털한 아줌마'라는 캐릭터를 만들었다. 아무도 시도하지 않았던 틈새였다. 그 결과, 지금은 대한민국 최고의 방송인 중 한 명이 되었다. 강풀은 만화가였다. 하지만 종이책으로 된 만화가 아니라 '웹툰'이라는 새로운 장르를 개척했다. 당시 아무도 관심 없어 하던 분야였다. 지금은 웹툰이 하나의 거대한 산업이 되었다.

'최초'의 숙명, 외로움과 두려움

최초가 되는 것은 외롭고 두려운 일이다. 아무도 가지 않은 길을 혼자 가야 한다. 아무도 해보지 않은 일을 혼자 해야 한다. 때로는 사람들이 이해하지도 못한다. 때로는 비난도 받는다. 그 외로움과 두려움을 견뎌내야 한다. 최초가 되는 대가다. 모든 개척자들이 겪는 과정이다.

내가 세일즈 매니지먼트 코칭으로 박사과정을 밟을 때도 그랬다. 동기들은 "그런 걸로 박사가 되나?"라고 의심했다. 가족들도 "그냥 안정적으로 영업관리나 해"라고 말렸다. 하지만 나는 확신했다. 이것이 앞으로 분명히 필요한 분야라고.

5년 동안 혼자 연구했다. 참고할 논문도 없었다. 선배도 없었다. 모든 것을 처음부터 만들어야 했다. 외로웠다. 때로는 포기하고 싶었다. 하지만 견뎠다. 그리고 결국 해냈다. 2015년 '대한민국 코치 대상'을 수상하면서 올해의 코치로 선정되었다. 세일즈 매니지먼트 코칭이라는 분야가 인정받는 순간이었다.

그러니 외로움과 두려움을 피하지 마라. 최초가 되는 사람은 항상 외롭고 두렵다. 그것을 견뎌낸 사람만이 진정한 최초가 될 수 있다.

그렇다면 왜 최초가 되어야 할까? 생존을 위해서다. 1인 기업가는 대기업과 정면 승부할 수 없다. 자본도 없고, 인력도 없고, 브랜드도 없기 때문이다. 하지만 차별화된 무언가로는 승부할 수 있다. 최초가 되면 경쟁자가 적다. 경쟁자가 적으면 가격 경쟁도 줄어든다. 가격 경쟁이 줄어들면 수익성이 높아진다. 수익성이 높으면 지속 가능해진다. 최초가 되면 브랜드가 될 가능성이 높다. 사람들이 그 분야를 생각하면 가장 먼저 떠올리는 사람이 될 수 있다. 이것이 바로 브랜드의 힘이다.

그러니 최초가 되는 것을 미루지 마라. 시간이 지날수록 최초가 되기 어려워진다. 누군가 먼저 할 수 있다. 기회의 창은 항상 열려 있는 것이 아니다. 작은 것부터 시작하라. 거창한 최초가 아니어도 된다. 당신의 동네에서 최초, 당신의 업계에서 최초, 당신의 나이대에서 최초처럼 작은 최초부터 시작해서 큰 최초로 확장하면 된다.

남들이 "그런 게 될까?"라고 할 때가 바로 기회일 수 있다. 남들이 확신할 때는 이미 늦었을 수 있다. 하지만 신중하게 판단하라. 리스크를 감수할 수 있는 범위에서 시도하라. 당신만의 길을 만들어라. 그 길에서 성공할 수도, 실패할 수도 있다. 하지만 시도하지 않으면 아무것도 알 수 없다. 무소의 뿔처럼 혼자서 가라!

*** 이 단계에서 할 일**

1. 틈새 시장 발굴: 당신의 전문 분야에서 아무도 주목하지 않는 작은 영역을 찾는다. 그 분야의 최초가 될 수 있는 방법을 고민한다.

2. 차별화 요소 개발: 당신만의 독특한 접근 방식, 결합, 또는 스토리를 만든다. 남들과 다른 무언가를 개발한다.

3. 작은 최초의 시작: 거창한 최초가 아니어도 좋다. 작은 영역에서라도 최초가 될 수 있는 일을 하나 시작한다. 단, 실패했을 때의 비용을 미리 계산해 보아야 한다.

*** 셀프 코칭 질문**

1. 내가 최초가 될 수 있는 분야는 무엇인가?

2. 최초를 시도했을 때 실패하면 어떤 비용이 들까? 그 비용을 감당할 수 있을까?

3. 작은 최초부터 시작할 수 있는 구체적인 방법은 무엇인가?

5. 인생 중반에 재정리해야 할 5가지

"코치님, 저는 47년을 살았는데 제가 누구인지 모르겠어요."

몇 년 전 첫 코칭 세션에서 한 중견기업 팀장이 던진 말이다. 그는 거울 앞의 자신을 보자 낯선 사람을 마주한 것 같다고 했다. 이처럼 중년이 되면 우리는 '나는 누구인가?', '지금까지 무엇을 위해 살아왔는가?', '앞으로 무엇을 위해 살아갈 것인가?'라는 질문들과 마주하게 된다.

다행히도 그의 이야기는 절망으로 끝나지 않았다. 6개월간의 코칭 과정을 통해 그는 놀라운 변화를 보였다. 어린 시절부터 손으로 무언가를 만드는 것을 좋아했던 자신을 다시 발견한 것이다. 지금 그는 회사를 다니면서도 주말이면 작은 목공방을 운영한다. "처음으로 제가 누구인지 알 것 같아요. 저는 사람들이 필요로 하는 가구를 만드는 사람이에요"라고 말하는 그의 눈빛은 생기가 넘쳤.

20년간 대기업 CEO부터 자영업자까지, 다양한 계층의 중년들을 코칭해온 나는 인생 후반부를 맞기 전에 다음 다섯 가지를 정리해 보라고 권하고 싶다.

1. 자신의 정체성을 재정립하라

"당신은 누구입니까?"

이 질문에 "○○회사 부장입니다"라고 답한다면, 당신은 아직 타인이 부여한 정체성 속에 갇혀 있는 것이다. 영국의 사회학자인 앤서니 기든스는 이를 '자기만의 서사 쓰기'라고 표현했다. 이는 공동체가 더 이상 제시해주지 못하는 삶의 틀을 스스로 만들어 가는 것을 뜻한다.

퇴직을 앞둔 대기업 한 임원이 "제가 정말 좋아하는 것이 뭔지 모르겠어요"라고 고백한 적이 있다. 20년간 승진의 사다리만 올라왔던 그에게 진짜 자신을 찾는 것은 마치 어둠 속에서 길을 찾는 일과 같았다.

"어린 시절 가장 행복했던 순간을 떠올려보세요."

내가 던진 질문에 그는 한참을 생각하더니 "초등학교 때 반 아이들 앞에서 수학 문제를 풀던 때였어요. 아이들이 '우와!' 하며 감탄할 때가 가장 기뻤던 것 같아요"라고 답했다. 그 순간 그의 정체성은 명확해졌다. 그는 '관리자'가 아니라 '사람들을 가르치고 성장시키는 것을 좋아하는 사람'이었다. 6개월 후 그는 회사 내에서 신입 사원 교육 프로그램을 직접 기획하고 운영하기 시작했다. "30년 만에 월요일이 기대돼요"라는 그의 말에는 진정성이 담겨 있었다.

이처럼 자기만의 서사를 쓴다는 것은 사회가 정해놓은 역할에서 벗어나 진짜 내가 원하는 삶의 이야기를 써내려가는 것이다.

2. 남은 인생의 목표를 재설정하라

새로운 정체성을 찾았다면, 이제 새로운 목표가 필요하다. 하지만 여기서 중요한 것은 목표의 성격이다. 나는 코칭할 때 항상 '미래에 혼자서도 먹고살 수 있는 일인가?', '그 일이 나에게 어떤 의미가 있는가?'라는 두 가지 축으로 접근한다. 생존 없는 의미는 공허하고, 의미 없는 생존은 고통스럽기 때문이다.

통계청에 따르면, 50대 재취업률은 23%에 불과하다. 더 이상 회사가 평생을 책임져 주지 않는다. 그렇다면 회사에 의존하지 않고도 혼자 먹고살 수 있는 능력을 키워야 한다. 하지만 단순히 돈을 벌기 위한 일이 아니라, 내가 왜 이 일을 하는지 명확한 답이 있어야 한다. 그래야 버틸 수 있고, 지속할 수 있다.

3. 천복을 기억하라

"시간 가는 줄 모르고 몰입했던 순간이 언제였나요?"

이 질문을 던지면 대부분의 사람들은 잠시 눈을 감고 멀리 과거를 떠올린다. 그리고 어김없이 미소를 짓는다.

천복天福이란 하늘이 내린 복, 타고난 재능과 기질을 말한다. 히지만 우리는 살아가면서 이 천복을 잊는다. 사회가 요구하는 모습에 맞추느라 본래의 나를 억압해왔기 때문이다.

몇 년 전 만난 보험설계사 L씨(46세)는 15년간 보험 영업을 하며 나름의 성과를 거뒀지만 번아웃이 왔다. 그는 "더 이상 이 일을 할 수 없을 것 같아요"라고 내게 털어 놓았다. 그 말에 나는 "어린 시절 가장 좋아했던 일이 뭐였나요?"라고 되물었다. 그러자 뜻밖의 대답이 돌아왔다.

"그림 그리기요. 친구들 얼굴을 그려주면 모두들 좋아했어요. 중학교 때까지는 화가가 되고 싶었지요."

그래서 나는 그에게 "다시 시작해보세요. 취미로라도" 하고 제안했다. 그리고 1년 후 놀라운 일이 일어났다. 그는 '초상화를 그려주는 보험설계사'라는 독특한 브랜딩으로 지역에서 유명해졌다. 천복을 되찾자 일과 삶이 하나가 된 것이다.

천복을 기억하는 것은 잃어버린 진정한 삶을 되찾는 방법이다. 중년이 되어서야 우리는 깨닫는다. 진짜 행복은 남이 정한 기준이 아닌, 내 안에 잠들어 있던 천복을 되찾는 것에서 온다는 것을.

4. 공동체로 회항하라

"이제 받을 때가 아니라 줄 때입니다."

한 대기업 임원(52세)에게 건넨 나의 말이었다. 그는 마지막 승진 기회를 놓치고 깊은 좌절에 빠져 있었다.

회항回航이란 배가 항구로 돌아오는 것을 말한다. 젊은 시절 우리는 먼 바다로 나가 모험을 하고 성취를 쌓는다. 하지만 인생의 후반기에는 자신이 속한 공동체로 돌아가 그동안 쌓은 경험과 지혜를 나눠야 한다.

펜실베이니아대 와튼스쿨의 아담 그랜트 교수는 《기브 앤 테이크》에서 흥미로운 연구 결과를 발표했다. 직장에서 가장 성공하는 사람들을 조사해보았더니, 단기적으로는 테이커들이 앞섰지만, 장기적으로는 기버들이 더 큰 성공을 거두었다는 것이다. 왜 그럴까? 젊은 시절에는 경쟁이 치열하고 자원이 한정되어 있어 테이커들이 유리해 보이지만, 나이가 들면서 네트워크와 신뢰가 중요해지기 때문이다. 이 때문에 그동안 남을 도왔던 기버들 주변에는 자연스럽게 사람들이 모인다.

앞서 언급한 그 임원은 내 조언을 받아들였다. 승진 대신 후배들을 위한 멘토링에 집중하기로 한 것이다. "30년간 받기만 했는데, 주는 것이 이렇게 기분 좋은 일인지 몰랐어요"라던 그는 2년 후 회사에서 가장 존경받는 임원이 되었다.

이처럼 중년 이후에는 혼자만 잘 사는 것이 아니라, 자신이 받은 것을 다시 세상에 돌려주어야 한다. 테이커에서 기버로 전환하는 것, 그것이야말로 진정한 성숙인 것이다.

5. 죽음을 기억하라

"남은 시간이 얼마나 된다고 생각하세요?"

이 질문을 받으면 대부분의 중년들은 당황한다. 죽음에 대해 구체적으로 생각해본 적이 없기 때문이다. 《모리와 함께한 화요일》에서 모리 교수는 제자에게 "죽는 법을 배우면 사는 법을 배울 수 있다"라고 말했다.

IT 회사 대표인 K씨(47세)가 "시간이 부족해서 새로운 것을 시작할 수 없다"고 내게 말했다. 그 말에 나는 "건강하게 활동할 수 있는 시간이 얼마나 남았다고 생각하세요?"라고 되물었다. 그는 잠시 계산해보더니 충격을 받은 표정으로 "23년 정도요"라고 답했다. 그 말에 나는 "그럼 1만 번 정도의 아침이 남은 셈이네요"라고 말했다. 그 순간 그는 "그럼 정말 지금 시작해야겠네요"라며 자신의 관점을 완전히 바꾸었다.

스티브 잡스는 51세에 췌장암 진단을 받고 "죽음을 기억하는 것은 인생의 중요한 선택을 하는 데 도움이 되는 가장 중요한 도구다"라고 말했다. 죽음을 기억하면 진짜 중요한 것과 중요하지 않은 것을 구분할 수 있다. 사소한 일에 에너지를 낭비하지 않게 된다. 무엇보다 남은 시간을 의미 있게 사용하려 노력하게 된다. 죽음을 기억한다는 것은 두려움이 아니라 자유다. 유한함을 인정할 때, 비로소 우리에게는 무한한 가능성이 열린다.

이 다섯 가지는 다음과 같은 하나의 결론으로 귀결된다.
"사회가 만든 나를 버리고 내가 만든 나로 살되, 그 삶을 홀로 누리지 말고 공동체와 나누고, 죽음을 기억하며 의미 있게 살아라."

20년간 수많은 중년들을 코칭하며 내가 확신한 것이 있다. 중년의 위기가 사실은 기회라는 것이다. 진짜 나를 찾을 수 있는 마지막 기회, 남은 인생을 의미 있게 살 수 있는 전환점이라는 것이다.

그중 가장 기억에 남는 것은 한 중견기업 임원의 변화였다. 첫 세션에서 그는 이렇게 말했다.

"코치님. 저는 모든 걸 다 가졌다고 생각했는데, 정작 제가 누구인지 모르겠어요."

6개월간의 코칭 후 그는 완전히 달라졌다. "이제야 진짜 제가 하고 싶은 일이 무엇인지 알겠어요. 그리고 그 일을 하며 살고 싶어요"라던 그는 몇 년이 지난 지금 경북 예천에서 사과 농원을 운영하며 즐겁게 살고 있다.

나의 역할은 답을 주는 것이 아니다. 질문을 던지는 것이다. 스스로 성찰하고 통찰하도록 돕는 것이다. 그 과정에서 그들은 진짜 자신을 발견한다. 때로는 상당한 비용을 지불하며 찾아오는 분들도 있다. 하지만 그들이 진짜 원하는 것은 돈으로 살 수 없는 것들이다. 정체성, 의미, 보람, 자유, 그리고 무엇보다 '진짜 나로 사는 삶'이 그것이다.

물론 쉽지 않은 일이다. 40~50년간 길들여진 사고를 바꾸는 것은 고통스럽다. 하지만 이것이 유일한 길이다. 사회가 더 이상 평생직장을 보장해주지 않기 때문이다. 이제는 스스로 자신의 길을 만들어 가야 한다.

우리는 모두 낯선 존재로 이 세상에 왔다. 그리고 지금까지 사회가 정한 역할 속에서 살아왔다. 하지만 이제는 다르다. 중년은 진정으로 자신만의 자리를 만들 마지막 기회다. 그 자리는 누군가가 주는 것이 아니다. 스스로 만들어 가는 것이다. 지금이 바로 그 시작점이다.

* **이 단계에서 할 일**

1. 정체성 재정립: '나는 누구인가?'라는 질문에 구체적으로 답변을 작성한다. '나만의 정체성 선언문' 한 페이지를 작성한다.
2. 목표 재설정: 현재 목표를 '혼자서도 생존 가능한가?'와 '나에게 어떤 의미가 있는가?'라는 두 축으로 평가한다. 새로운 목표 3가지를 구체적인 실행 계획과 함께 설정한다.
3. 천복 발굴: 어린 시절부터 지금까지 '시간 가는 줄 모르고 몰입했던 순간들'에 대해 최소 5가지를 나열한다. 그 속에서 공통된 패턴을 찾아 현재 일과 연결시킬 방안을 도출한다.

* **셀프 코칭 질문**

1. 만약 내일 회사가 없어진다면, 나를 누구라고 소개할 것인가?
2. 지금 하는 일이 10년 후에도 나 혼자서 할 수 있는 일인가? 그 일을 통해 어떤 의미와 보람을 느끼는가?
3. 언제 시간 가는 줄 모르고 몰입하는가? 그 경험을 지금 얼마나 활용하고 있는가?

6. 지금 안 배우면 후반전은 없다

중년인 지금이야말로 재교육에 투자할 골든 타임이다.

팀장으로 승진한 지 얼마 안 된 A씨(47세)의 얼굴에 걱정이 가득했다. "회사에서 AI를 도입한다고 난리예요. 저는 엑셀도 겨우 쓰는데, 어떻게 해야 할지 모르겠어요."

AI와 기술의 발달로 20년간 쌓아온 경력이 하루아침에 뒤처질 수도 있다는 우려가 현실이 되고 있다. 변화는 우리를 기다려주지 않는다. 중년이야말로 새로운 도전을 할 수 있는 최적의 시기다. 경험도 있고, 학습 능력도 있으며, 무엇보다 절실함이 있기 때문이다. 공부는 젊은 사람의 특권이 아니라, 절실한 사람의 무기다.

배우지 않으면 살아남을 수 없는 시대

교육부 발표에 따르면, 우리나라 성인의 평생학습 참여율은 33.1%에 머물고 있다. 10명 중 7명은 아예 새로운 학습을 하지 않는다는 뜻이다. 하지만 무작정 배우기만 해서는 안 된다. 시간도 돈도 한정된 중년에게는 전략이 필요하다.

한국산업인력공단의 분석에 따르면, 정보통신 자격 관련 전체 필기시험 응시자를 연령대별로 분석한 결과 20대가 64.5%로 가장 많았다. 30대가 그 뒤를 이었고, 40대 이상 비중은 현저히 낮았다. 이는 40대가 디지털 전환에서 뒤처지고 있다는 명백한 신호다.

서울시50플러스재단의 조사 결과는 우리에게 중요한 시사점을 준다. 특히 40대는 50대와 달리 디지털 격차 해소보다 노후 준비를 더 중요하게 생각한다. 이는 40대가 아직 디지털 환경에 적응할 수 있다고 스스로 판단하고 있다는 뜻이다. 이 시기를 놓치면 기회는 크게 줄어든다.

투자는 확실한 수익을 가져다준다

회계와 정책연구에 대해 발표한 연구 결과에서 기업의 교육훈련비는 투자 후 1년과 3년 뒤 경영 성과에 유의미한 영향을 미친 것으로 나타났다. 교육에 대한 투자가 확실하게 수익을 가져다준다는 과학적 증거인 셈이다.

개인 차원에서도 마찬가지다. 하나은행이 조사한 40대 투자자 분석에서 5년 이상 금융 투자를 한 사람의 79%가 노후 준비를 잘하고 있다고 답했다. 반면에 비금융 투자자는 절반도 안 되는 38%만이 노후 준비를 잘하고 있다고 답했다. 학습도 동일한 원리가 작동한다. 지속적으로 자기계발에 투자한 사람과 그렇지 않은 사람의 미래는 확연히 갈린다.

40대는 인생에서 가장 바쁜 시기다. 직장에서는 핵심 인력으로 업무량이 최고조에 달하고, 집에서는 자녀 교육비와 부모 부양비가 동시에 몰린다.

여기서 잠깐, 당신은 이미 자신이라는 회사의 CEO다. CEO라면 어떻게 해야 할까? 미래 수익을 위해 투자를 해야 한다. 시간과 돈이 부족하다고? 그래서 더욱 전략적으로 접근해야 한다. 포기할 이유는 없다. 오히려 기회다. 40대의 가장 큰 자산은 20년 가까운 사회 경험이다. 경력과 디지털 기술이 결합하면 20~30대가 따라올 수 없는 경쟁력이 생긴다. 젊은 세대는 도구를 잘 다루지만, 비즈니스를 모른다. 40대는 20년 경험에 도구까지 갖추면 완전히 다른 차원이 된다.

실제로 많은 기업들이 40대 직원의 재교육 투자를 통해 놀라운 성과를 거두고 있다. 삼성전자는 2023년부터 40대 이상 임직원을 대상으로 'AI 업무 혁신 과정'을 운영하고 있다. 참여자들은 기존 업무 경험과 AI 도구를 결합해 업무 효율성을 평균 40% 이상 향상시켰다고 한다.

엑셀 고급 기능만 익혀도 업무 효율성이 3배 이상 향상된다. AI 도구 활용법을 익히면 생산성이 혁신적으로 개선된다. 40대의 전문성을 체계적으로 전달할 수 있는 역량을 기르면 새로운 수익원을 만들 수 있다.

온라인 교육 플랫폼 시장이 급성장하면서 40대 전문가들의 강의 수요도 폭증하고 있다. 클래스101은 2024년 보고서에서 "40대 이상 강사들의 수강 만족도가 20~30대 강사보다 15%가량 높다"고 발표했다. 이유는 명확하다. 실무 경험이 풍부한 40대 강사들이 제공하는 실전 노하우를 수강생들이 더 선호하기 때문이다. 강의 기법, 콘텐츠 제작, 온라인 교육 플랫폼 활용법을 익혀보라. 자신의 전문 분야를 체계적으로 정리하고, 교육 과정으로 만드는 과정에서 자신의 전문성도 한 단계 업그레이드될 것이다.

하나은행의 조사에 따르면, 40대 중 22%가 여전히 금융 투자를 하지 않고 있다. 초저금리 시대에 예적금만으로는 인플레이션도 따라잡기 어렵다. 금융 지식 없이는 노후 준비도 쉽지 않다. 투자 교육의 효과는 확실하다. 자산 배분, 포트폴리오 구성, 세제 혜택 활용법을 체계적으로 학습해야 한다.

재교육에도 성공 법칙이 있다

성공하는 재교육에는 법칙이 있다. 이 법칙을 모르면 시간과 돈만 날린다. 40대의 재교육 투자가 성공하려면 다음과 같은 원칙을 따라야 한다.

첫째, 기존 경력과 연결해야 한다. 완전히 새로운 분야보다는 기존의 전문성을 확장하는 방향이 훨씬 효과적이다. 영업 경험이 있다면 디지털 마케팅을, 관리 경험이 있다면 프로젝트 관리를 고려해보는 것이다.

둘째, 즉시 써먹을 수 있는 것부터 배워야 한다. 이론보다는 현재 업무에 당장 활용할 수 있는 실용적 기술을 먼저 익혀야 한다. 학습 효과를 바로 체감할 수 있고, 주변의 인정도 받을 수 있을 것이다.

셋째, 자격증보다는 역량에 집중해야 한다. 자격증은 결과물일 뿐이다. 진짜 중요한 것은 실제 문제를 해결할 수 있는 능력을 기르는 것이다.

넷째, 온라인과 오프라인을 적절히 조합해야 한다. 40대는 시간 제약이 크기 때문에 온라인 학습이 필수다. 하지만 네트워킹과 실습은 오프라인이 훨씬 효과적이다.

당신은 자신이라는 회사의 CEO다. CEO로서 미래의 10년을 내다보아야 한다. 재교육은 비용이 아니라 투자다. 하지만 아무 곳에나 투자해서는 안 된다. 철저한 분석과 전략이 필요하다. 40대에게 주어진 시간은 10년 남짓이다. 이 시간을 어떻게 활용하느냐에 따라 50대 이후의 삶이 크게 달라진다.

당신이 자기 인생의 CEO라면 결단을 내려야 한다. 변화를 두려워해서는 안 된다. 40대야말로 새로운 도전을 할 수 있는 최적의 나이다. 경험도 있고, 학습 능력도 있으며, 무엇보다 절실함이 있다. 40대인 지금이 재교육에 투자할 골든 타임이다. 공부는 젊은 사람의 특권이 아니라, 절실한 사람의 무기다. 배우는 사람만이 다시 젊어진다.

* 이 단계에서 할 일

1. 재교육 투자 예산 설정: 월 소득의 3~5%를 재교육비로 책정하고, 회사 교육비 지원 제도를 적극 활용한다. 정확한 예산 없는 학습은 지속 가능하지 않다.
2. 개인 역량 진단: 현재 보유한 기술과 시장 수요를 분석하여 기존 경력의 연장선상에서 학습 분야 3가지를 선정한다. 객관적 현실 파악은 성공적인 재교육의 출발점이다.
3. 첫 번째 학습 시작: 선정한 분야 중 1순위 과정에 즉시 등록하고, 학습 일정을 달력에 고정 배치한다. 계획만으로는 아무것도 변하지 않는다.

* 셀프 코칭 질문

1. 나는 현재 시장에서 요구하는 핵심 역량을 보유하고 있는가?
2. 재교육 투자 계획이 구체적이고 실행 가능한가? 언제까지, 얼마를, 어떻게 투자할 것인지 구체적으로 정했는가?
3. 학습한 내용을 실제 수익으로 연결할 구체적 방안이 있는가?

PART 3 : 후반전 준비
- 혼자서도 먹고살 기술

"승리를 위한 필살기를 준비하라!"

1. 당신의 20년은 시간당 50만 원이다

매일 야근에 시달리는 당신, 회사 밖에서도 분명히 먹고살 방법이 있다. 당신의 20년 경험이 바로 그 답이다.

"제가 뭘 가르칠 수 있겠어요? 저는 그냥 평범한 직장인인데요."

매주 이런 말을 하는 중년들을 만난다. 그러면서 "20년 일했지만, 내가 뭘 안다고…"라며 자조적으로 웃는다. 정말 그럴까? 20년간 현장에서 쌓은 경험이 무용하다니. 그 20년이 바로 자산이다. 당신이 겪은 시행착오, 해결한 문제들, 축적된 노하우가 모두 자산이다. 당신은 스스로를 너무 과소평가하고 있다.

소프트웨어정책연구소의 2021년 이러닝 산업 실태조사에 따르면, 국내 이러닝 시장 수요 규모는 5조 원이 넘는다. 개인의 자기계발 시장만 해도 2조 6,070억 원에 이르고, 매년 10% 이상 성장하고 있다. 그 시장이 당신을 기다리고 있다.

더 중요한 점은 기업들이 이론만 아는 강사가 아니라 현장 경험이 풍부한 실무 전문가를 찾고 있다는 것이다. 대기업 HR 담당자들은 "교수님들은 이론은 훌륭한데, 직원들이 지루해해요. 현장 경험이 있는 강사를 찾고 있는데 쉽지 않아요"라고 입을 모아 말한다. 이것이 바로 기회다. 당신 같은 현장 전문가에 대한 수요가 넘쳐나고 있다. 클래스101의 수강생 만족도가 평균 95.8%를 기록하는 이유도 실무 경험을 바탕으로 한 실전 노하우를 제공하기 때문이다.

그들은 "강사료가 얼마나 되나요?"라고 내게 묻는다. 솔직히 말하면, 처음부터 시간당 50만 원을 받을 수는 없다. 하지만 체계적으로 접근하면 충분히 가능하다. 시작은 작다. 초급 강사의 경우에는 대략 시간당 10만 원을 받는다. 사내 교육을 몇 번 해보고 후기가 쌓이면 시간당 15-20만 원이다. 여기서 핵심은 단순 시간당 계산이 아니라는 점이다.

예를 들어보자. 당신이 '프로젝트 관리 노하우'에 대한 강의를 한다면 이렇게 된다.

〈2시간 워크숍: 30만 원(시간당 15만 원)〉
- 사전 컨설팅 1시간: 20만 원
- 후속 질의응답 세션 1시간: 15만 원
- 맞춤형 체크리스트 제공: 10만 원
- 총 4시간 투입으로 75만 원 수익 → 실질 시간당 18.7만 원

2-3년 경력이 쌓이면 기업들이 당신을 '그 분야 전문가'로 인식한다. 그때부터 진짜 돈이 된다. 하루 6시간 워크숍에 200~300만 원도 가능하다. 실질 시간당 금액은 33~50만 원이다. 최상위로 올라가면 어떻

게 될까? 삼성, LG 같은 대기업 임원 대상의 경우, 반나절 전략 워크숍에 300만 원을 받는다. 4시간에 300만 원이면 시간당 75만 원이다.

중요한 것은 '강연'과 '강의'의 차이를 아는 것이다. 단순히 정보를 전달하는 강연보다는 참가자들이 바로 써먹을 수 있는 워크숍 형태의 강의가 훨씬 높은 비용을 받는다. 하루 종일 진행되는 워크숍은 200~300만 원도 가능하다.

다층화된 수익 모델을 구축하라

당신이 자신이라는 회사의 CEO라면, "내 20년 경험의 시간당 가치는 얼마인가?"라는 질문을 해야 한다. 한 달에 몇 번 강의로는 한계가 있다. 그리고 CEO답게 지속적으로 수입을 올리기 위해서는 다음과 같이 다층화된 수익 모델을 구축해야 한다.

첫째, 정기 계약이다. 기업과 월 2~3회, 반년 단위 계약을 맺으면 월 200~300만 원의 고정 수입이 가능하다. 안정적인 베이스 수입을 확보하는 것이 핵심이다.

둘째, 원데이 워크숍이다. 기업의 특별 교육이나 컨퍼런스에서 하루짜리 집중 교육을 진행하는 것이다. 월 2~3회만 해도 상당한 수익을 올릴 수 있다.

셋째, 온라인 강의다. 한 번 만들면 계속 수익이 나는 패시브 인컴이다. 클래스101 같은 플랫폼을 활용하거나 기업 맞춤형 이러닝 콘텐츠를 제공하면 월 추가 수입을 올릴 수 있다.

넷째, 컨설팅 연계다. 강의를 통해 관계를 구축한 기업에 후속 컨설팅을 제공하는 것이다. 강의는 마케팅이고, 진짜 수익은 컨설팅에서 나온다.

이 모든 것을 합치면 상당한 수익이 현실화된다. CEO라면 이런 다각화된 포트폴리오를 구성해야 한다. 이때 가장 중요한 것은 명확한 포지셔닝이다. '모든 것을 다 가르칠 수 있다'는 강사는 아무도 찾지 않는다. '마케팅 실무', '팀 관리 노하우', '프로젝트 관리'처럼 특정 분야의 전문가로 인식되어야 한다.

실행을 위한 로드맵과 셀프 브랜딩 전략

그렇다면 구체적으로 어떻게 시작해야 할까? 실제 성공한 강사들의 로드맵을 한 번 보자.

- **1주차: 나만의 전문성 발굴**

월요일부터 금요일까지 매일 30분씩 자신의 20년을 분석해보라. '내가 다른 사람보다 확실히 잘하는 것은 무엇인가?', '동료들이 나에게 자주 묻는 질문은 무엇인가?', '내가 해결한 가장 어려운 문제는 무엇이었나?'라고 자문해보라.

· **2주차: 첫 강의 콘텐츠 만들기**

30분짜리 강의를 기획하라. 파워포인트 10~15장이면 충분하다. 핵심은 '이론 설명 30%+실제 사례 70%'다. 당신이 실제로 겪은 실패담과 해결 과정을 솔직하게 담아라.

· **3주차: 사내에서 테스트**

팀 회의나 사내 교육 시간에 30분 발표 기회를 요청하라. "제가 그동안 경험한 노하우를 팀에 공유하고 싶습니다"라고 말하면 된다. 99%는 허락한다.

· **4주차: 피드백 반영과 확장**

첫 발표 후 받은 피드백을 바탕으로 1시간짜리 버전으로 확장하라. 그리고 다른 부서나 지인들에게 "무료로 강의해드릴 테니 피드백 부탁드린다"고 제안하라.

당신이 자신의 CEO라면 장기적 셀프 브랜딩 전략을 세워야 한다. 당신의 전문성을 명확히 정의하고, 시장에서 그 분야의 대표 주자로 인식되도록 해야 한다. 많은 예비 강사들이 같은 실수를 반복하는 것을 본다. 하지만 이런 실수들은 아래와 같이 충분히 피할 수 있다.

첫 번째 함정: 완벽주의

"모든 준비가 끝나면 시작하겠다"는 사람은 평생 시작하지 못한다.

솔직히 말하자. 당신이 준비가 부족하다고 느끼는 바로 지금이 시작하기 딱 좋은 때다. 70점짜리 강의를 실제로 하는 것이 100점짜리 강의를 머릿속으로만 그리는 것보다 1,000배 낫다.

두 번째 함정: 이론 중심

참가자들은 구글에서 찾을 수 있는 정보를 원치 않는다. "이론적으로는 이렇습니다"가 아니라 "제가 실제로 이런 상황에서 이렇게 해결했습니다. 그런데 처음에는 이렇게 망했어요"라고 말할 수 있어야 한다. 실패담이 오히려 더 값진 콘텐츠가 된다.

세 번째 함정: 혼자 떠드는 강의

2시간 동안 일방적으로 말하면 참가자들은 졸거나 핸드폰을 본다. 15분마다 질문을 던지고, 옆 사람과 토론하게 하고, 직접 써보게 하라.

당신은 이런 기본적인 실수를 범해서는 안 된다.

강사나 전문 코치 준비를 하는 많은 사람들이 외부 교육기관을 찾는다. 하지만 다니고 있는 회사가 최고의 훈련장이다. 사내 교육, 신입 사원 연수, 팀 워크숍 등 기회는 얼마든지 있다. 무료로 연습할 수도 있고, 즉시 피드백을 받을 수도 있으며, 실제 비즈니스 현장에서 검증을 받을 수도 있다. 외부에서 돈을 주고 배우는 것보다 훨씬 효과적이다. 이렇게 회사를 잘 활용하는 것이 가장 현명하다.

"AI가 발달하면 강사도 필요 없어지는 거 아닌가요?"라고 걱정하는 사람들이 있다. 완전히 반대다. AI가 발달할수록 강사의 가치는 더욱 커진다. AI는 정보 전달에는 탁월하지만, 인간적 감동과 동기 부여는 줄 수 없다. 특히 리더십, 커뮤니케이션, 갈등 관리 같은 소프트 스킬 영역에서는 인간만이 주는 가치가 있다. 무엇보다 실무 경험을 바탕으로 한 현장 중심 교육에 대한 니즈는 계속 증가하고 있다. 책이나 인터넷에서 배울 수 있는 이론보다는 실제 현장에서 겪은 시행착오와 노하우에 대한 수요가 높아지고 있다.

"언젠가는 강의를 해보고 싶다"고 말하는 사람들이 많다. 솔직히 물어보자. 그 '언젠가'가 도대체 언제인가? 아이들이 대학 가고 나서? 은퇴하고 나서? 그때는 이미 늦다.

나도 안다. 당신이 얼마나 바쁜지, 얼마나 피곤한지. 평일에는 야근, 주말에는 아이 학원 셔틀 등으로 강의 준비할 시간이 어디 있겠는가. 하지만 그렇기 때문에 지금 시작해야 한다. 10년 후에는 더 바쁠 것이고, 더 피곤할 것이기 때문이다.

당신의 20년 경험은 그 자체로 강의 콘텐츠가 될 만한 가치가 충분하다. 완벽하게 준비할 때까지 기다리지 마라. 완벽한 때는 오지 않는다. 일단 시작하고 개선해 나가면 된다. 첫 강의를 망쳐도 상관없다. 나도 첫 강의 때 식은땀을 흘리며 버벅거렸다. 두 번째는 조금 나아졌고, 세 번째는 더 좋아졌다. 중요한 것은 시작하는 용기다.

당신은 자신이라는 회사의 CEO다. CEO라면 결단을 내려야 한다. 20년 경험이라는 자산을 언제까지 창고에 묵혀둘 것인가? 프리랜서 강사는 회사 밖에서도 먹고살 수 있는 확실한 기술이다. 더 이상 망설

일 이유가 없다.

* **이 단계에서 할 일**

1. 나만의 시그니처 강의 발굴(이번 주 내): 지금 당장 메모장을 켠다. 회사에서 가장 자주 받는 질문 5가지를 적어본다. 그중 1개를 선택해서 '30분 내 해결해주는 ○○ 노하우'라는 제목을 붙인다. 이것이 당신의 첫 강의 주제다.

2. 첫 무료 강의 예약하기(다음주까지): 팀장에게 가서 "제가 그동안 경험한 ○○ 노하우를 팀 회의 시간에 15분만 공유해도 될까요?"라고 말한다. 거절당할 확률은 거의 0%다. 날짜를 정하고 달력에 확정 표시를 한다.

3. 첫 수익 강의 준비(한 달 내): 링크드인 LinkedIN과 페이스북에 "○○ 분야 15년 경력자입니다. 무료로 강의해드릴 테니 피드백을 부탁드립니다"라고 올린다. 반드시 연락이 온다. 3번째 강의부터는 "소정의 강사료를 받고 진행하겠습니다"라고 말한다.

* **셀프 코칭 질문**

1. 동료들이 나에게 가장 자주 묻는 질문은 무엇인가?
2. 내가 가장 크게 실패했던 경험과 그로부터 배운 교훈은 무엇인가?
3. 3개월 후, 나는 어떤 강사로 기억되고 싶은가?

2. 이제 회사 밖에서도 벌어라

야근에 지쳐 집에 온 당신, '언제까지 이렇게 살아야 하지?'라고 생각한 적이 있지 않은가?

"부업 하세요?"라는 질문에 "아니요"라고 답하는 직장인을 찾기가 어려워졌다. KB금융지주경영연구소 조사에 따르면, 싱글 직장인 10명 중 4명 이상이 N잡을 하고 있다. 잡코리아와 알바몬이 조사한 결과에 따르면, 이삼십대 직장인의 89.35%가 N잡 경험이 있다고 답했다. 이처럼 이제 부업은 특별한 일이 아니라 생존을 위한 필수가 되었다. 엠브레인 트렌드모니터 조사에서 부업을 하는 직장인 중 86.2%가 "물가 상승 탓에 생활비를 충당하려면 부수입이 필요하다"고 답했다.

여기서 잠깐, 정작 그들의 목표는 배달하고, 과외하고, 블로그를 써서 월 50만 원을 버는 것일까? 아니다. 그건 시작일 뿐이다. 진짜 목표는 월급쟁이에서 벗어나는 것일 것이다. 그러나 대부분의 사람들은 부업을 살못 이해하고 있다. 배달하고 편의점 알바하는 것이 부업의 전부라고 생각한다. 그건 1단계일 뿐이다. 부업에도 다음과 같은 단계가 있다.

· 1단계: 생존형 부업

배달, 대리운전, 편의점 알바다. 시간을 팔아서 돈을 버는 구조다. 즉시 현금화가 가능하지만 확장성이 없다. 중년에 새벽까지 배달하는 모습을 상상해보라. 지속 가능한가?

· 2단계: 전문성 부업

20년간 쌓은 전문성을 활용하는 부업이다. 온라인 강의, 컨설팅, 번역, 디자인 등이 해당한다. 시간당 수익률이 크게 올라간다. 통계를 보면 40대 N잡러의 평균 수입은 월 92만 원이다. 이 정도면 나름 의미가 있다.

· 3단계: 시스템형 부업

개인 브랜드를 구축하고 시스템화된 비즈니스를 운영하는 단계다. 한 번 만들면 계속 팔 수 있는 온라인 강의, 저서 인세, 자동화된 컨설팅 프로그램 등이다. 이 단계에 오면 월 200만 원 이상도 가능하다.

그런데 솔직히 말하자. 중년이 되어 1단계부터 시작하면 언제 3단계에 갈 수 있겠는가? 체력도 달리고 시간도 없다. 바로 2단계부터 시작해야 한다. 그렇다면 언제 부업에서 본업으로 전환해야 할까? 막연히 '언젠가는'이라고 생각하면 평생 부업만 한다. 다음과 같이 명확한 기준이 있어야 한다.

· 수익 기준: 본업 월급의 70%

부업 수익이 현재 월급의 70%를 넘어서는 시점이다. 월급이 400만 원이라면 부업에서 280만 원을 벌 때다. 80%까지 기다리면 너무 늦다. 70%면 도전해볼 만하다.

· 지속성 기준: 6개월 안정

일시적 고수익이 아니라 6개월 이상 안정적으로 수익이 지속되어야 한다. 첫 달 300만 원 벌고 다음달 50만 원 버는 것은 불안정하다.

· 성장성 기준: 월 10% 성장

단순히 현재 수익만 보지 말고 성장 가능성을 봐야 한다. 매월 10% 이상 성장하고 있다면 전환을 고려해볼 만하다.

하지만 대부분의 사람들은 이 타이밍을 놓친다. 왜? '실패하면 어떻게 하지?', '가족들 먹여 살릴 돈은?'이라는 두려움과 걱정 때문이다. 그렇다고 평생 남의 회사에서 눈치 보며 살 것인가?

현실적인 전환 로드맵

부업에서 본업으로의 전환은 하루아침에 이루어지지 않는다. 체계적인 접근이 필요하다. 특히 40대 이상의 중년은 가족 부양에 대한 부담이 있어서 더욱 신중해야 한다.

· 0~3개월: 아이템 발굴과 테스트

20년간 쌓은 전문성 중에서 가장 차별화된 영역을 선택한다. 돈이 될 것 같은 분야가 아니라 자신이 가장 잘할 수 있는 분야를 택해야 한다. 인사팀에서 20년 일했다면 채용 컨설팅을, 회계팀이었다면 중소기업 세무 컨설팅을, 마케팅팀이었다면 SNS 마케팅 컨설팅을 선택하는 식이다. 복잡하게 생각할 필요가 없다.

검증은 작은 규모로 시작한다. 지인을 대상으로 무료 서비스를 제공해보고, 시장의 반응을 확인한다. 무료로 3번을 해본 후 "돈 주고도 받고 싶다"는 반응이 나오면 성공이다.

· 3~12개월: 시스템화와 수익 창출

부업이 일회성으로 끝나지 않도록 시스템을 구축한다. 이 단계의 목표는 월 70~120만 원의 안정적인 수익이다. 고객관리는 어떻게 할 것인가? 가격은 어떻게 책정할 것인가? 마케팅은 어떻게 할 것인가? 세무는 어떻게 처리할 것인가? 이런 것들을 하나하나 정리한다.

· 12~18개월: 다각화와 브랜딩

단일 수익원에 의존하지 말고 다양한 수익원을 만든다. 1:1 컨설팅을 하고 있다면 온라인 강의를 추가하고, 온라인 강의를 하고 있다면 저서 출간을 고려하는 식이다. 동시에 개인 브랜딩을 시작해야 한다.

링크드인, 인스타그램, 블로그를 통해 해당 분야 전문가로 인정받아야 한다. 이 단계에서는 월 150~250만 원을 목표로 한다.

· **18~24개월: 완전 독립 검토**

부업 수익이 본업 월급의 70% 이상이 되고 6개월 이상 지속되면 독립을 고려할 수 있다. 하지만 성급하게 결정하지 말고, 최소 3개월은 더 지켜본다. 비상 자금도 6개월치는 확보해야 한다. 40대 이후 중년에게는 특히 중요한 것이 있다. 건강보험과 국민연금이다. 회사를 그만두면 지역가입자로 전환해야 한다. 이 비용도 미리 계산해두어야 한다.

법적 함정을 미리 피하라

회사를 다니면서 부업을 할 때 가장 조심해야 할 것이 있다. 바로 법적 문제다. 현재 직장의 취업 규칙에 겸업 금지 조항이 있는지 확인해야 한다. 법적으로는 업무 시간 외에 부업을 금할 수 없지만, 회사 규정에 따라 징계를 받을 수도 있다. 특히 경쟁사와 관련된 일은 절대 하면 안 된다.

사업자등록은 언제 해야 할까? 매출이 발생하기 시작하면 바로 해야 한다. 늦으면 매출액의 1%를 벌금으로 낸다. 연 매출 8,000만 원 미만이면 간이과세자로 등록할 수 있다. 세금 신고가 간단하고 세율도 낮다.

세무서에서 제일 많이 적발되는 게 부업 소득 누락이다. '이 정도는 안 걸리겠지'라고 생각하면 큰일난다. 요즘은 다 추적된다. 처음부터 정직하게 신고하는 것이 최선이다.

성공하는 부업의 현실

성공적으로 부업에서 본업으로 전환한 사람들에게는 공통점이 있다.

첫째, 전문성 기반이다. 단순노동이 아니라 20년 이상 쌓은 전문성이 핵심 경쟁력이다. 40대 이상의 장점은 바로 경험과 노하우에 있다.

둘째, 확장 가능한 모델이다. 시간을 투입해야만 돈이 나오는 모델은 한계가 있다. 한 번 만들면 계속 팔 수 있는 확장 가능한 모델이 성공한다. 온라인 강의, 전자책, 자동화된 컨설팅 프로그램 등이 그것이다.

셋째, 꾸준함이 있다. 부업은 마라톤과 같다. 몇 개월 해보고 안 되면 포기하는 사람은 성공할 수 없다. 최소 1~2년은 꾸준히 해야 의미 있는 결과를 본다.

넷째, 시장 지향적이다. 자신이 하고 싶은 일이 아니라 시장이 원하는 일을 해야 한다. 고객 니즈를 정확히 파악하고, 그에 맞는 솔루션을 제공해야 한다.

실패를 피하는 방법

반대로 실패하는 부업의 함정들도 있다. 다음의 것들이 그것이다.

- **가격 경쟁 함정:** 처음에 가격을 너무 낮게 책정한다. "경험이 없으니까 싸게 해드릴게요"라는 식으로 시작하면 평생 저가에 머물게 된다. 적정 가격을 받아야 한다.
- **완벽주의 함정:** 완벽한 준비를 하고 시작하려다가는 아예 시작도 하지 못한다. 80% 정도 준비되면 일단 시작한다. 완벽한 준비란 존재하지 않는다.
- **단기 성과 함정:** 첫 달부터 큰 수익을 기대한다. 부업이 궤도에 오르려면 최소 6개월은 걸린다. 인내심이 필요하다.
- **본업 소홀 함정:** 부업에 몰두하다가 본업을 소홀히 한다. 부업이 안정화되기 전까지는 본업을 확실히 지켜야 한다. 본업은 아직 생명줄이기 때문이다.

부업에서 본업으로의 전환은 단순한 직업 변경이 아니다. 회사에 의존하던 삶에서 스스로 수익을 만들어내는 삶으로의 변화다. 월급쟁이에서 진짜 자유인으로의 변화다. 지금이 마지막 기회일 수도 있다. 더 나이 들면 체력도 떨어지고, 새로운 것을 배우기도 어려워진다. 그때 가서 '부업을 시작해볼까?'라고 생각하면 이미 늦다.

* 이 단계에서 할 일

1. 나만의 전문성 아이템 발굴(이번 주 내): 지금 당장 종이에 '20년간 해온 일 중에서 다른 사람들이 가장 궁금해하는 것 3가지'를 쓴다. 그중 1개를 선택해서 '누구나 할 수 있는 ○○ 방법'이라는 제목을 붙인다. 이것이 바로 당신의 첫 번째 부업 아이템이다.

2. 법적 리스크 체크(다음주까지): 회사 취업 규칙에서 겸업 금지 조항을 찾아본다. 있다면 어떤 수준까지 제재하는지 정확히 파악한다. HR팀에 "개인적으로 궁금한 게 있는데" 하면서 슬쩍 물어볼 수도 있을 것이다.

3. 첫 테스트 고객 확보(한 달 내): 링크드인이나 페이스북에 "○○ 분야 20년 경력자입니다. 무료로 컨설팅해드릴 테니 피드백만 부탁드립니다"라고 올린다. 반드시 연락이 올 것이다. 3번 무료로 해보고 "다음부터는 소정의 비용을 받겠습니다"라고 말한다.

* 셀프 코칭 질문

1. 내가 정말 돈을 벌 수 있는 전문성을 가지고 있는가?
2. 6개월 후 월 100만 원, 1년 후 월 200만 원 벌 구체적인 계획이 있는가?
3. 부업이 실패했을 때의 안전장치가 마련되어 있는가?

3. 후반전, 부자를 꿈꿔도 좋다

한 번은 강의 중 60명의 영업 전문가들에게 "부자가 되고 싶은 사람, 손 들어 보세요"라고 물은 적이 있다. 그 순간, 강의실에 흐른 침묵이 지금도 생생하다. 59명이 일제히 고개를 숙이거나 시선을 피하고, 단 1명만이 손을 들었다. 나는 그 순간 우리가 지닌 진실과 마주할 수 있었다. 우리는 부자가 되고 싶다는 욕망을 부끄럽게 여기도록 길들여져 있음을. 돈을 원한다고 말하는 순간 속물이 되고, 부를 꿈꾼다고 하면 천박해진다고 믿도록 학습되어 있음을.

하지만 나는 생각한다. 부자가 되고 싶다는 것은 온전한 자기가 되고 싶다는 뜻이라고. 돈 그 자체를 원하는 사람은 없다. 돈이 가져다 주는 선택할 수 있는 자유, 두려워하지 않을 수 있는 안전, 사랑하는 이들에게 마음껏 베풀 수 있는 여유, 꿈을 현실로 만들 수 있는 힘 등 자기다움을 온전히 펼칠 수 있는 조건들을 원할 뿐이다.

그런데 언제부터 우리는 이 단순한 진실을 복잡하게 만들어버렸을까. 언제부터 존재의 확장을 욕망의 추락으로 오해하게 되었을까. 40대에 접어들면서 우리는 깨닫는다. 지금이 아니면 영원히 기회는 없다는 것을.

통계가 보여주는 40대의 현실은 냉혹하다. 평균 자산 5억 6천만 원, 평균 부채 1억 3천만 원. 자산과 부채가 동시에 최고조에 달하는 시기, 기회와 절망이 공존하는 시기다. 반면에 40대는 인생에서 가장 역동적인 가능성을 품고 있는 시기이기도 하다. 경험이 축적되어 지혜가 생기고, 체력도 아직 충분하며, 무엇보다 절실함이 있다. 이 절실함이야말로 모든 변화의 출발점이다.

스노우폭스 그룹의 김승호 회장은 1987년 무일푼으로 미국에 건너가 수없이 실패했지만 결코 포기하지 않았다. 그리고 2005년 생애 마지막 도전이라는 마음으로 6억 원을 들여 작은 도시락 회사를 인수해 18년 후 그 회사를 8,000억 원에 매각했다. 그는 자신의 가능성에 대한 흔들리지 않는 믿음을 가지고 있었다. 실패할 때마다 '이것도 배움이다'라는 태도와 자신이 꿈꾸는 미래를 현실로 만들 수 있다는 확신은 결국 그를 일으켜 세우고, 성공으로 이끈 원동력이 되었다.

전 유도선수였던 차원희는 30세에 은퇴한 후 거의 무일푼으로 거제도에서 서울로 올라와 부동산 경매를 배웠다. 그리고 10년 후에는 50억 원 자산가가 되었고, 지금은 '족장TV'로 16만 구독자에게 투자에 대한 노하우를 전하고 있다. 유튜브 '파이팅팔콘'의 박희철은 항공사 부기장이라는 안정적인 직업을 버리고 30대 중반에 첫 경매 낙찰로 연봉 수준의 수익을 거둔 후 단기간에 수십억 원의 순수익을 올려 경매 커뮤니티의 전설이 되었다. 유튜브 '행크TV'의 송희창은 23만 회원을 보유한 '행복재테크' 커뮤니티를 이끌며 수많은 평범한 직장인들을 부동산 투자가로 탈바꿈시킨 멘토다.

이들의 공통점은 무엇일까. 남다른 능력? 특별한 인맥? 막대한 자본? 아니다. 그들에게 있었던 것은 자신의 내면에서 들려오는 목소리에 귀 기울인 용기였다. 다른 사람들이 불가능하다고 할 때도 '나는 할 수 있다'고 믿은 순수함이었다.

그날 워크숍에서 유일하게 손을 든 그 사람과 나눈 대화가 나는 아직도 기억에 남아 있다. 그날 그는 이렇게 말했다.

"다른 사람들이 어떻게 생각할지 몰라서 망설였지만, 저는 정말 부자가 되고 싶어요. 그게 잘못된 건가요?"

나는 그의 눈을 보며 이렇게 말했다.

"당신이 이 자리에서 가장 정직한 사람입니다."

정직함이야말로 부자가 되는 첫 번째 조건이다. 자신의 욕망을 부정하지 않고 인정할 수 있는 정직함, 남들의 시선을 의식해서 진짜 원하는 것을 숨기지 않는 정직함에서 모든 변화가 시작된다.

돈 자체에는 선악이 없다. 돈은 그것을 다루는 사람의 마음을 비추는 거울일 뿐이다. 탐욕으로 돈을 추구하면 돈은 독이 되고, 사랑으로 돈을 추구하면 돈은 약이 된다. 중요한 것은 돈을 통해 무엇을 하려고 하느냐다. 왜 부자가 되려고 하느냐다.

부자가 되고 싶다는 것은 개인적인 욕망의 차원이 아니다. 세상에 대한 책임감의 발현이다. 가족을 더 잘 돌볼 수 있는 능력을 키우려는 것이고, 사회에 더 많이 기여할 수 있는 역량을 확장하려는 것이며, 무엇보다 자기 인생의 진정한 주인이 되려는 의지의 표현이다.

20대와 30대가 돈을 모으는 시간이었다면, 40대부터는 이를 키우고 늘리는 시간이다. 저축 통장의 숫자를 바라보며 한숨짓는 시간은 끝났다. 이제는 돈이 돈을 낳도록 하고, 내가 잠들어 있는 동안에도 자산이 스스로 성장하도록 해야 한다.

부자와 그렇지 않은 사람의 가장 큰 차이는 시간에 대한 인식에 있다. 월급쟁이는 시간을 팔아서 돈을 번다. 부자는 시간을 사서 자유를 만든다. 이것이 우리가 건너야 할 강이다. 부자가 되겠다는 꿈을 품는 순간, 모든 것은 달라진다. 지하철에서 스마트폰 게임 대신 경제 뉴스를 보게 된다. 술자리에서 허투루 흘려보내던 시간이 아까워진다. 무엇보다 자신을 바라보는 눈이 달라진다. '나는 어떤 사람이 되고 싶은가?'라는 근본적인 질문이 삶의 중심에 자리 잡는다.

하지만 무엇보다 중요한 것은 부자가 되어가는 과정에서 더 나은 인간이 되는 것이다. 돈을 위해 인격을 팔거나 양심을 버리는 것이 아니라, 부자가 되기 위해 필요한 덕목들, 가령 인내, 절제, 지혜, 용기, 성실함을 기르는 것이다. 이렇게 해서 얻어지는 부야말로 진정한 의미의 부다.

나는 믿는다. 부자가 되고 싶다는 욕망이 인간을 더 완전하게 만들 수 있다고. 단순히 돈을 많이 갖는 것이 아니라, 돈을 통해 자신의 존재를 확장시켜 나가는 것이 진정한 부자가 되는 길이라고. 그러니 더 이상 부자가 되고 싶다는 마음을 숨기지 말자. 더 이상 그것을 부끄러워하지 말자. 그것을 당당하게 인정하고 선언하는 것이야말로 새로운 자신으로 거듭나는 첫걸음이다.

부자가 되고 싶다는 것은 결국 자유로워지고 싶다는 것이다. 자유로워지고 싶다는 것은 온전한 자기가 되고 싶다는 것이다. 온전한 자기가 된다는 것은 이 세상에 자신만의 고유한 가치를 선사할 수 있게 된다는 것이다. "나는 부자가 되고 싶다"라는 이 한마디에는 당신의 모든 가능성이 담겨 있다.

* **이 단계에서 할 일**

1. 진정한 동기 발견하기: 부자가 되고 싶은 진짜 이유를 깊이 성찰하고, 그것이 자신과 세상에게 어떤 의미인지 명확히 한다.
2. 구체적 비전 설계하기: '50세까지 순자산 10억 원'이라는 목표 뒤에 담긴 진정한 꿈을 구체적으로 그려본다.
3. 첫 번째 변화 시작하기: 이번 달 안에 현재의 자신을 바꿀 수 있는 작은 행동 하나를 시작한다.

* **셀프 코칭 질문**

1. 나는 왜 부자가 되고 싶은가? 그 이유가 내 영혼을 울리는가?
2. 부자가 되는 과정에서 내가 잃지 말아야 할 가장 소중한 것은 무엇인가?
3. 부자가 된 나는 이 세상에 어떤 고유한 가치를 선사할 수 있는가?

4. 재테크, 후반전의 든든한 버팀목

임원 시절 함께 일하던 팀장으로부터 들은 이야기가 아직도 충격으로 남아 있다. 20년 넘게 대기업에서 성실하게 일해온 그가 회식 자리에서 이렇게 털어놓았다.

"본부장님, 저 요즘 진짜 불안해요. 애들은 주식으로 집 사고, 코인으로 차 바꾸는데, 저는 20년 모은 돈이 전세금 올려주는 데도 부족해요."

그는 우리 회사에서 가장 믿을 만한 팀장 중 하나였다. 하지만 그의 표정은 어둠에 가려져 있었다.

"재테크요? 적금이 재테크 아닌가요? 주식은 무서워서 못 하겠더라고요."

나는 그 순간 가장 확실한 재테크는 자기 자신에 대한 투자라는 진실과 마주했다. 그 팀장에게 부족한 것은 돈이 아니었다. 돈을 다루는 능력, 즉 금융 지식과 투자 안목이었다.

20년간 성실히 일해 모은 돈을 제대로 굴릴 줄 모르면 그 돈은 잠들어 있는 돈에 불과하다. 인플레이션에 잠식당하고, 기회비용만 늘어간다.

　내가 실제로 옆에서 지켜본 재테크 성공자들에게는 공통점이 있었다. 철저한 공부와 분석, 그리고 전략이다.

《돈의 속성》의 저자 김승호가 18년 만에 8,000억 원가량의 기업을 만들 수 있었던 것은 운이 아니었다. 그는 미국에서 수없이 실패하면서도 매번 시장을 분석하고, 소비자를 연구하며, 자신만의 전략을 수정해 나갔다. 실패할 때마다 더 치밀해졌고, 더 정교해졌다. 그의 성공 뒤에는 수십 년간의 학습과 분석이 축적되어 있었다.

'족장TV'의 최원희가 무일푼에서 50억 원 자산가가 된 것도 마찬가지다. 그는 부동산 경매를 단순히 '감'으로 하지 않았다. 법원 자료를 하나하나 분석하고, 권리관계를 철저히 파악하며, 시세를 정확히 조사했다. 매물 하나에 수십 시간을 투자해 공부했다. 그 결과, 남들이 놓친 기회들을 정확히 포착할 수 있었다.

'파이팅팔콘' 박희철의 경우도 다르지 않았다. 그가 안정적인 직업을 포기하고 경매 투자로 수십억을 벌 수 있었던 것은 남다른 분석력 때문이었다. 그는 매주 수십 건의 경매 물건을 분석하고, 시장 동향을 파악하며 자신만의 투자 원칙을 세워나갔다.

　이들의 성공 비결은 돈이 아니라 돈을 다루는 실력이었다. 하지만 그 실력은 하루아침에 생기지 않는다. 수년간의 학습과 분석, 그리고 실전 경험이 축적되어야 한다.

100세 시대의 이중 투자 전략

여기서 100세 시대의 냉혹한 진실을 밝힌다. 통계청 자료에 따르면, 2024년 기준 가구주의 예상 은퇴 연령은 68.3세, 실제 은퇴 연령은 62.8세다. 계획보다 5년 빨리 은퇴해 그 이후 평균 37년을 더 살아야 한다. 37년, 이것은 대학 졸업 후 은퇴까지 일한 기간과 맞먹는 긴 시간이다. 이 긴 시간을 연금과 퇴직금만으로 버틸 수 있을까? 사실 불가능하다. 그렇다면 두 가지 선택이 있다. 죽을 때까지 일하거나, 돈이 일하게 만들거나.

젊은 세대는 이미 답을 정했다. MZ세대의 61.4%가 재테크에 관심을 갖고 있고, 평균 소득의 29.2%를 투자에 할애한다. 그들에게 재테크는 선택이 아니라 생존이다. 그래서 유튜브로 주식을 배우고, 온라인 강의로 부동산을 공부하며, 각종 커뮤니티에서 정보를 교환한다.

반면에 40대는 어떤가. 평균 자산 5억 6천만 원을 보유하고 있지만, 동시에 1억 3천만 원의 부채를 안고 있다. 모으는 데는 익숙하지만 늘리는 데는 서툰 세대, "주식은 위험해", "부동산은 모르겠어" 하며 안전한 적금에만 의존하는 세대다.

하지만 이제는 달라져야 한다. 40대에게 필요한 것은 젊은 세대의 적극성과 중년의 지혜가 결합된 이중 투자 전략이다. 그렇다면 여기서 말하는 이중 투자 전략이란 무엇일까?

첫 번째는 돈에 대한 투자다. 하지만 무작정 투자하는 것이 아니라, 철저한 공부에 기반한 투자다. 주식을 한다면 기업 분석을 배우고,

부동산을 한다면 시장 분석을 익히며, 채권을 한다면 금리 동향을 파악해야 한다. 투자는 도박이 아니라 학문이다.

두 번째는 자신에 대한 투자다. 금융 지식을 쌓고, 투자 안목을 기르며, 리스크 관리 능력을 키우는 것이다. 시장이 폭락해도, 투자가 실패해도, 자신의 실력만큼은 아무도 가져갈 수 없기 때문이다.

최근 조사에 따르면, 40대의 31.5%가 금융자산 10억 원을 부자의 기준으로 본다고 한다. 10억 원을 연 5% 수익률로 계산하면 연간 5천만 원, 즉 월 400만 원 정도의 부가 소득이 생긴다. 이 정도면 하고 싶지 않은 일을 하지 않아도 되는 최소한의 자유가 확보된다.

하지만 10억 원을 만드는 것보다 더 중요한 것이 있다. 10억 원을 지키고 늘릴 수 있는 능력을 갖는 것이다. 능력 없이 얻은 돈은 언젠가 사라진다. 하지만 능력으로 만든 돈은 계속 늘어난다.

나는 그 팀장에게 이렇게 말했다.

"팀장님, 이제라도 공부하세요. 재테크는 나이가 문제가 아니라 시작이 문제입니다."

재테크는 자유를 위한 투자다. 돈을 위한 투자가 아니라 내가 원하는 삶을 위한 투자다. 하고 싶은 일만 하며 살 수 있는 인생을 위한 투자다. 하지만 그 자유는 저절로 오지 않는다. 철저한 공부와 분석, 그리고 전략을 통해서만 얻을 수 있다. 가장 확실한 재테크는 자기 자신에 대한 투자다. 돈도 늘리고, 실력도 늘려야 한다.

100세 시대를 살아가는 우리에게는 두 가지 투자가 모두 필요하다. 그래야만 진정한 의미의 경제적 자유에 도달할 수 있다. 그래야만 하고 싶지 않은 일은 하지 않고, 하고 싶은 일만 하며 살 수 있다. 이것이 바로 우리가 지향해야 할 재테크의 완성형이다. 단순히 돈을 불리는 것이 아니라, 돈을 벌 수 있는 자신을 만드는 것이다.

* **이 단계에서 할 일**

1. 재테크 교육받기: 이달 안에 주식, 부동산, 채권 중 하나를 체계적으로 배울 수 있는 강의나 책을 선택해 공부를 시작한다.
2. 분석 습관 만들기: 매일 30분씩 경제 뉴스를 보고, 투자 관련 정보를 분석하는 습관을 만든다.
3. 이중 투자 실행하기: 돈을 늘리는 투자와 자신에 대한 투자를 동시에 시작하고, 둘 사이에 시너지를 만드는 방법을 찾는다.

* **셀프 코칭 질문**

1. 나는 돈을 다루는 실력을 얼마나 갖고 있는가?
2. 내가 현재 하고 있는 재테크는 공부에 기반한 것인가, 아니면 운에 맡긴 것인가?
3. 은퇴 후의 삶을 위해 나는 어떤 준비를 하고 있는가?

5. 전문성만으로는 살아남을 수 없다

당신이 아무리 뛰어난 변호사든, 세무사든, 의사든, 혹은 다른 어떤 전문가든 상관없다. 1인 기업가가 되는 순간 당신의 성공을 결정하는 것은 오직 하나, 마케팅과 영업력이다. 이게 현실이다. 받아들이기 싫어도 받아들여야 한다.

전문직도 망하는 시대가 왔다. 국세청 통계가 충격적인 현실을 여실히 보여준다. 2022년 기준 전문직 평균 소득을 보면, 의사가 4억 원, 회계사가 2억 2천만 원, 세무사가 1억 2천만 원, 그리고 변호사가 7천만 원이었다. 더 충격적인 것은 변호사의 중위 소득이 3천만 원에 불과하다는 사실이다. 절반의 변호사가 연간 3천만 원도 못 번다는 얘기다.

같은 전문 자격증을 가졌음에도 왜 이런 차이가 날까? 바로 마케팅과 영업력의 차이다. 변호사 수는 매년 1,700명씩 늘어나고 있지만, 법률 수요는 제자리걸음에 머물고 있다. 세무사, 건축사, 회계사도 마찬가지다. 공급은 넘쳐나는데, 수요는 한정적이니 경쟁은 치열해질 수밖에 없다.

'실력만 있으면 된다'는 생각은 이제 20세기의 유물이다. AI가 전문성마저 위협하고 있다. 2025년 현재, AI의 위협은 상상을 넘어섰다. ChatGPT가 변호사 시험에 합격하고, AI가 의료 진단에서 90% 이상의 정확도를 보이며, 세무 신고는 이미 대부분 자동화됐다. 단순한 전문 업무는 AI에게 완전히 잠식당했다.

전문성은 마케팅을 해야 빛을 본다

그렇다면 AI 시대에 살아남는 전문가들의 공통점은 무엇일까? 자신을 알리고, 고객을 끌어들이는 능력을 가지고 있다는 것이다. 아무리 뛰어난 실력이 있어도 고객이 당신을 모르면 아무 소용없다. AI가 할 수 없는 것은 마케팅이다. AI는 고객과 진정한 관계를 맺을 수 없다. AI는 신뢰를 쌓을 수 없다. 결국 AI 시대에는 마케팅 능력이 더욱 중요해진다.

전문 서비스는 신뢰가 기반이다. 법률, 세무, 의료 같은 전문 서비스는 결과가 중요하다. 실패하면 큰 손실을 입는다. 그래서 사람들은 검색보다는 지인의 추천을 믿는다. 당신이 아무리 뛰어난 전문가라 해도 아무도 모르면 존재하지 않는 것과 같다. 고객의 대부분은 지인의 추천으로 전문가를 찾는다. 하지만 여기에만 의존해서는 안 된다. 적극적으로 자신을 알려야 한다. 이제 소셜미디어는 선택이 아닌 필수다. "나는 SNS 같은 건 안 해"라고 말하는 전문가들을 종종

본다. 하지만 현실을 직시해야 한다. 고객들이 있는 곳에 당신도 있어야 한다.

놀라운 사실이 하나 있다. 해외 연구에 따르면, 팔로워 수가 적은 마이크로 인플루언서일수록 참여율이 훨씬 높다는 결과가 나왔다. 이는 무엇을 의미할까? 거대한 영향력보다는 진정성 있는 소통이 더 중요하다는 뜻이다. 40대 전문가에게는 이것이 오히려 기회다. 젊은 인플루언서들처럼 화려할 필요가 없다. 대신 깊이 있는 전문 지식과 경험을 진정성 있게 전달하면 된다.

많은 전문가들이 마케팅 비용을 아까워한다. "그 돈으로 차라리 장비를 사겠다", "교육에 투자하겠다"고 말한다. 하지만 잘못된 생각이다. 아무리 좋은 장비가 있고 뛰어난 실력이 있어도 고객이 당신을 모르면 소용없다. 실제로 마케팅을 잘하는 평범한 전문가가 마케팅을 소홀히 하는 뛰어난 전문가보다 더 많이 번다.

성공한 1인 전문가들의 사례를 보면 공통점이 있다. 초기부터 꾸준히 자신의 전문성을 알리는 데 투자했다는 것이다. 이정윤 세무사는 '슈퍼개미 이세무사TV'로 구독자 15만 명을 넘게 확보했다. 유튜브 실버 버튼까지 받은 그는, 현재 주식 투자와 교육 사업에 집중하며 밸런스투자아카데미를 운영하고 있다. 뉴스핌 인터뷰에서 그는 세무사보다 주식 투자로 훨씬 더 많은 돈을 벌고 있다고 밝혔다. 우영제 회계사의 '밤송이회계사' 채널은 누적 조회수 1,061만 회를 기록했다. 세무회계 정보만으로 이런 성과를 낸 것은 전무후무하다. 류창헌 세무사는 '류창헌세무사와 부동산세금들' 채널로 부동산 세금 전문가로 자리 잡았다. '부모 명의 주택을 자식에게 주는 방법'이라는 영상은 60만 회가량의 조회수를 기록하기도 했다.

"영업은 안 어울린다"며 거부감을 표하는 전문가들이 많다. 하지만 영업이 무엇인가? 상대방의 필요를 파악하고 그에 맞는 해결책을 제시하는 것이다. 이는 전문가가 하는 일과 본질적으로 동일하다. 네트워킹의 핵심은 관계다. 사람들은 제품을 사는 게 아니라 사람을 산다. 특히 전문 서비스에서는 더욱 그렇다. 당신이 신뢰할 만한 사람인지, 문제를 해결해줄 수 있는 사람인지가 중요하다.

마케팅도 체계적 접근이 필요하다

그렇다고 해서 무작정 SNS에 글만 올린다고 마케팅이 되는 것은 아니다. 다음과 같은 체계적인 접근이 필요하다.

첫째, 타깃 고객을 명확히 정한다. '모든 사람'은 타깃이 아니다. 세무사라면 '연매출 50억 이하 제조업체 사장'처럼 구체적으로 정해야 한다.

둘째, 그들이 있는 플랫폼을 파악한다. 젊은 창업가들은 인스타그램에 있고, 중년 사장들은 네이버 카페에 있다. 타깃에 따라 플랫폼을 선택해야 한다.

셋째, 그들의 관심사에 맞는 콘텐츠를 제작한다. 어려운 전문 용어가 아니라 그들이 실제로 궁금해하는 내용을 쉽게 설명해야 한다.

넷째, 일관성을 유지한다. 한 번의 바이럴보다는 꾸준한 노출이 더 효과적이다.

콘텐츠 마케팅에서 중요한 원칙이 있다. 80%는 유용한 정보 제공, 20%는 자신의 서비스 홍보다. 너무 직접적인 홍보는 오히려 역효과를 낳는다. 건축사 K씨는 인스타그램에 '집 짓기 노하우'를 올린다. 설계 과정, 시공 과정, 주의 사항 등을 사진과 함께 설명한다. 홍보성 글은 10개 중 1~2개뿐이다. 하지만 팔로워들이 집을 지을 때는 당연히 K씨를 찾는다. 이게 진짜 마케팅이다. 판매하려고 하지 말고 도움을 주려고 해야 한다.

굳이 젊은 전문가들과 정면승부할 필요가 없다. 40대 이상의 중년에게는 젊은이들이 가질 수 없는 다음과 같은 강력한 무기가 있다.

첫째, 깊이 있는 경험이다. 20년 이상 쌓은 노하우는 책에서 배울 수 없는 것들이다. 이를 스토리로 풀어내면 강력한 콘텐츠가 된다.

둘째, 신뢰감이다. 중년의 차분한 말투와 안정감은 그 자체로 브랜드다. 고액을 대상으로 하는 서비스일수록 신뢰감이 중요하다.

셋째, 네트워크다. 20년 이상 쌓은 인맥은 최고의 마케팅 자산이다. 기존 인맥을 체계적으로 관리하고 활용해야 한다.

이를 위해 당신이 지금 당장 실행해야 할 활동은 다음과 같다.

첫째, AI 시대에 맞는 개인 브랜딩 채널을 구축한다. 블로그든 유튜브든 한 가지를 정해서 꾸준히 하다. 완벽하지 않아도 된다. 시작이 반이다. 중요한 건 AI가 대체할 수 없는 당신만의 경험과 철학을 담는 것이다.

둘째, 기존 고객들에게 체계적으로 추천을 요청한다. 만족한 고객이 있다면 지인 소개도 부탁하고, 리뷰 작성도 요청한다. 현재의 온라인 평점은 신규 고객 확보의 핵심이기 때문이다.

셋째, 온오프라인 네트워킹을 병행한다. 온라인도 좋지만 오프라인 만남이 더 강력하다. 한 달에 1~2번은 관련 세미나 모임에 참석하고, 링크드인, 카카오톡 오픈채팅 등 온라인 네트워킹도 활용한다.

전문성과 마케팅 능력은 곱셈 관계다. 전문성이 10이고 마케팅이 0이면, 결과는 0이다. 반대로 전문성이 7이고 마케팅이 5면 결과는 35다. 더 이상 '실력만 있으면 된다'는 착각에 빠져 있어서는 안 된다. AI가 전문을 위협하는 상황에서 마케팅 능력이 없는 전문가는 살아남을 수 없다. 당신의 전문성이 아무리 뛰어나도 아무도 모르면 살아남을 수 없다.

※ **이 단계에서 할 일**

1. AI 시대 개인 브랜딩 채널 구축하기: 전문 분야 관련 블로그나 유튜브 채널을 개설하 고, 주 1회 이상 꾸준히 AI가 대체할 수 없는 경험담과 전문 지식을 공유하는 콘텐츠를 발행한다. 링크드인, 인스타그램 등 SNS 프로필을 2025년 트렌드에 맞게 전문가답게 정리한다.

2. 체계적인 온오프라인 네트워킹 시작하기: 업계 관련 세미나, 컨퍼런스에 월 1회 이상 참석하고, 명함을 받은 후 24시간 내에 링크드인 연결 요청을 보낸다. 카카오톡 오픈채팅, 네이버 카페 등 온라인 전문가 커뮤니티

에도 적극 참여한다. 분기별로 기존 인맥들에게 안부 메시지를 보낸다.

3. 고객 추천 및 평점 관리 시스템 만들기: 프로젝트 완료 시 고객에게 추천을 요청하는 시스템을 만들고, 네이버 플레이스, 구글 리뷰 등 온라인 평점 관리에 신경쓴다. 추천해준 고객에게는 감사 인사와 함께 소정의 선물을 보낸다.

* **셀프 코칭 질문**

1. 나는 현재 어떤 채널로 고객을 확보하고 있는가? 지인 추천에만 의존하고 있지 않은가? 온라인에서 나를 찾을 수 있는 경로가 충분한가? 잠재 고객들이 자주 방문하는 플랫폼에서 활동하고 있는가? AI 시대에 차별화된 나만의 콘텐츠를 제공하고 있는가?

2. 나의 전문성을 얼마나 효과적으로 어필하고 있는가? 복잡한 전문 지식을 일반인도 이해할 수 있게 설명할 수 있는가? 정기적으로 나의 성과와 전문 지식을 공유하고 있는가? 경쟁자와 나를 차별화하는 요소를 명확히 제시할 수 있는가? 온라인 평점과 리뷰를 체계적으로 관리하고 있는가?

3. 내 네트워크는 얼마나 활성화되어 있는가? 지난 3개월간 새로 만난 전문가가 몇 명인가? 기존 인맥들과 얼마나 자주 연락하고 있는가? 온라인 전문가 커뮤니티에서 활동하고 있는가? 다른 사람들에게 도움을 주고 있는가?

6. 월급 없이 사는 수익 포트폴리오 완성법

　직장생활이 끝나는 순간, 당신에게는 두 갈래 길이 펼쳐진다. 퇴직금으로 치킨집을 차려 2년 만에 망하고 택시를 몰며 하루 12시간씩 고생하는 길. 아니면 월급 없이도 당당하게 살 수 있는 나만의 수익 시스템을 만드는 길.

　잔혹한 현실부터 보자. KB금융지주경영연구소의 2023년 조사에 따르면, 노후 적정 생활비는 월 369만 원이지만, 실제 준비 가능한 돈은 월 212만 원뿐이다. 무려 157만 원이 부족하다. 더 충격적인 것은 절반 이상인 52.5%가 노후 준비를 "아직 시작도 못했다"고 답했다는 사실이다.

　하지만 당신은 다르다. 지금까지 앞에서 배운 모든 기술을 하나로 합쳐, 월급 대신 '나만의 회사'를 만들 것이다. 사장도 나, 직원도 나, 고객도 내가 찾는다. 이것이야말로 진정으로 '내가 나를 고용하는' 삶이다.

나만의 회사 만들기: 3단계 독립 전략

· 1단계: 생존 기반 확보(월 200~300만 원)

일단 굶지 않을 만큼 돈부터 벌어야 한다. 직장 경험은 당신의 최고 자산이다. 제조업 20년 경력자가 지게차 자격증 하나로 월 250만 원을 버는 것은 기본이다. 건설 현장에서 뼈가 굵은 당신이 주말 도배 일로 월 200만 원 챙기는 것도 어렵지 않다. 사무직 출신이라면 세무서 앞 세무 대리 사무소에서 월 200만 원은 충분히 가능하다. 핵심은 안전판이다. 실패해도 다시 일어설 수 있는 분야, 나이 들어도 할 수 있는 일부터 시작하라.

· 2단계: 수익원 확장(월 300~500만 원)

이제 당신의 지식을 팔 차례다. 30년 경험을 콘텐츠로 만들어라. 도배 10년 경력자가 '셀프 도배 완전 정복' 유튜브 채널로 월 80만 원을 추가로 벌고, 도배 도구 쇼핑몰로 120만 원을 더 벌어 총 450만 원을 만드는 것이다. 회계 경력자라면 '세무 기초 무료 강의'로 고객을 모아 유료 상담으로 월 150만 원을 추가하는 식이다. 나이는 약점이 아니라 신뢰의 증거가 된다. 젊은이들이 가질 수 없는 깊이와 안정감이 당신의 무기다.

· 3단계: 완전 독립(월 500만 원 이상)

이제 당신이 진짜 사장이 될 때다. 혼자가 아닌 팀으로 일하라. 전기

기능사 출신이라면 소규모 전기공사 업체를 차려 직원 2명과 함께 월 800만 원 매출을 올리고, 본인이 500만 원을 가져가는 식이다. 또는 온라인 강의가 잘되는 회계사라면 세무 컨설팅 법인을 만들어 후배들과 함께 월 600만 원씩 벌어들이는 식이다. 이때는 더 이상 시간을 파는 것이 아니라 시스템을 만들어 돈이 들어오게 하는 단계다. 당신의 배경이 곧 당신의 무기다.

각 분야별 포트폴리오의 예시를 한 번 보자.

· 공장에서 30년 구른 당신(월 250~450만 원)

손재주와 기술이 밥이다. 지게차 운전(월 180만 원)+주말 용접(월 120만 원)+유튜브 '실전 용접 노하우'(월 100만 원)+용접봉 판매(월 50만 원)과 같이 포트폴리오를 구성하는 것이다. 젊은 사람들이 따라올 수 없는 손기술과 현장 감각이 당신의 자산이다. 유튜브에서 '30년 경력의 진짜 노하우'라고 하면 초보자들이 줄을 선다.

· 사무실에서 서류와 씨름한 당신(월 300~500만 원)

머리와 경험이 밥이다. 세무 상담(월 200만 원)+온라인 회계 강의(월 150만 원)+소상공인 장부 대행(월 100만 원)+부동산 중개(월 50만 원)와 같이 포트폴리오를 구성한다. 30년간 쌓인 업무 노하우와 인맥이 강력한 무기다. '회계 20년 경력자가 알려주는 절세 비법' 같은 강의는 금세 입소문이 난다.

• 발로 뛰며 영업한 당신(월 350~600만 원)

사람과 관계가 밥이다. 부동산 중개(월 250만 원)+보험 판매(월 150만 원)+영업 교육(월 100만 원)+소상공인 컨설팅(월 100만 원)과 같이 구성한다. 30년간 쌓인 고객 네트워크와 영업 센스는 돈으로도 살 수 없는 자산이다. 은퇴 후에도 '믿을 만한 사람'으로 기억되는 것이 가장 큰 경쟁력이다.

그 밖의 유의사항

성공적인 수익 포트폴리오는 반드시 위험 분산의 원칙을 따라야 한다. 하나의 수익원에 의존하면 그것이 무너질 때 모든 것을 잃을 수 있다. 수익원의 다양화는 온라인과 오프라인의 균형을 6:4로 맞추고, 시간 판매와 콘텐츠 수익도 5:5로 조절한다. 개인 고객과 기업 고객의 비율은 4:6이 적당하다.

계절성도 반드시 고려해야 한다. 기업 교육은 상반기에 집중되고, 개인 강의는 하반기가 성수기다. 건설 관련 일은 겨울철에 줄어들고, 요양보호사는 명절 때 수요가 늘어난다. 이런 변동성을 미리 파악해 포트폴리오를 구성해야 한다.

고객 분산의 원칙도 중요하다. 전체 수익의 30% 이상을 한 고객에게 의존하면 위험하다. 특히 대기업 프로젝트의 경우 갑작스러운 취소 위험이 있으므로 반드시 여러 고객으로 분산해야 한다.

그렇다면 퇴직 결정은 언제 하는 것이 좋을까? 감정에 휩쓸려 성급하게 그만두어서는 안 된다. 냉정한 기준이 필요하다. 퇴직을 결정할 때는 반드시 다음 네 가지를 체크해야 한다.

- **돈 기준:** 현재 월급의 80% 이상을 6개월 연속 벌었는가? 비상 자금 1년치가 있는가?
- **고객 기준:** 단골 고객 3곳 이상이 확보됐는가? 재구매율이 60%를 넘는가?
- **역량 기준:** 마케팅 없이도 신규 고객이 오는가? 세무에 대한 기초 지식이 있는가?
- **건강 기준:** 아파도 3개월은 버틸 수 있는가? 스트레스 관리가 되는가?

4개 모두 체크됐을 때만 사표를 써야 한다. 하나라도 안 되면 더 준비해야 한다.

수익이 늘어날수록 세무 관리도 중요하다. 특히 직장인이 부업을 할 때는 핵심 사항들을 반드시 알아야 한다. 먼저, 부업 소득 신고 기준을 명확히 알아야 한다. 기타소득 연 300만 원 초과 시 종합소득세 신고가 필수이고, 사업소득의 경우 금액과 관계없이 신고가 필요하다. 미신고 시 가산세 40%가 부과된다. 절세 전략으로는 교육비, 도서비, 장비비 등 필요 경비를 최대한 활용하고, 사업자등록 시점을 신중하게 결정하며, 연금저축과 퇴직연금 세액공제를 활용해야 한다. 회사와의 관계도 중요하다. 근무 시간 중 부업 금지, 회사 기밀 정보 활용 금지, 경쟁사 이익 제공 금지는 반드시 지켜야 한다.

직장생활은 마지막 2년이 가장 중요하다. 그 시간을 어떻게 쓰느냐에 따라 미래의 30년이 결정된다. 퇴직금으로 치킨집 차려서 망하고, '젊은 사장님'의 눈치를 보며 아르바이트나 하면서 살 것인가? 아니면 월급 없이도 당당하게 살 수 있는 나만의 시스템을 만들 것인가? 선택은 당신의 몫이다.

하지만 기억하라. 당신의 20년 경험은 그 어떤 젊은이도 가질 수 없는 자산이다. 당신의 깊이 있는 전문성은 시장에서 프리미엄을 받는다. 당신이 스스로를 고용하는 순간, 당신은 진정한 자유를 얻는다. 더 이상 누군가의 직원이 아니라 나 자신의 사장이 되는 것. 월급 대신 수익을, 지시 대신 결정을, 눈치 대신 자유를 선택하는 것. 이것이 '내가 나를 고용하는 삶'의 진정한 의미다.

* 이 단계에서 할 일

1. 내 인생의 사업계획서 쓰기: A4 한 장에 당신의 20년 경험을 정리한다. 가장 자신 있는 기술 3가지, 보유 자격증, 인맥 리스트, 초기 자본. 그리고 1단계(월 200~300만 원), 2단계(월 300~500만 원), 3단계(월 500만 원 이상) 목표를 구체적인 숫자로 적는다. 막연한 꿈이 아니라 달성 가능한 계획이어야 한다.
2. 이번 주 안에 첫 수익 만들기: 계획만 세우지 말고 당장 돈을 벌어라. 기술직이면 주말 아르바이트 신청, 사무직이면 세무 상담 광고 올리기,

영업직이면 지인에게 연락하기를 통해 1만 원이라도 월급 외 수익을 만든다.

3. 멘토 3명 확보하기: 당신이 가려는 분야에서 실제 돈을 버는 사람 3명을 만난다. 커피 한 잔 사주고 솔직한 이야기를 들어본다. 얼마나 벌고, 어떤 어려움이 있고, 몇 살까지 할 수 있는지. 온라인 정보는 절반만 믿는다. 현장의 생생한 목소리가 진실이다.

* **셀프 코칭 질문**

1. 나는 정말 65세까지 이 일을 할 수 있는가?
2. 아픈데 계속 기술직을 할 수 있는가? 시력이 나빠지는데 정밀 작업이 가능한가?
3. 경기가 나빠져도 내 일은 살아남을 수 있는가? 당신의 일이 꼭 필요한 일인가, 아니면 여유 있을 때만 하는 일인가? 생존 가능한 분야를 선택했는가?
4. 내가 아프면 우리 가족은 어떻게 되는가? 충분한 비상 자금이 있는가? 보험은 제대로 들어뒀는가? 아내도 일할 준비가 되어 있는가?

PART 4 : 실전 전환
- 회사 의존도 줄이며 독립 준비

"무소의 뿔처럼 혼자서 가라!"

1. 스스로를 고용하라

 2005년, 40세 때 나는 《그대 스스로를 고용하라》를 읽고 나서 가슴이 뜨거워졌다. 가족들이 잠든 깊은 밤, 변기에 앉아 소리 없이 눈물을 흘렸다. 목이 메어 왔다. 가슴이 터질 것 같았다. 누구보다 열심히 살고 있다고 자부했는데, 항상 마음 한구석에 강박이 있었고, 뭔가 부족하고 허전했다. 그 이유를 그때서야 알았다. 단 한 번도 내 인생의 주인이었던 적이 없기 때문이었다. 남들 모두 가는 대학, 사회가 좋다는 회사, 상사가 시키는 일. 모든 것이 남의 선택이었다.

"그대 스스로를 고용하라"는 구본형 선생의 그 한 문장이 나를 한 방에 무너뜨렸다. 나는 회사에 고용되어 있었다. 정작 나는 나 자신을 한 번도 고용해 본 적이 없었다.

 며칠 후, 용기를 내어 구본형 변화경영연구소 소장에게 전화를 걸었다. 그리고 3박 4일짜리 '5천만의 꿈' 프로젝트에 참가하게 되었다. 물만 마시며 자신과 마주하던 첫날 밤, 배고픔보다 더 고통스러운 건 공허함이었다.

 둘째 날, 온몸에 힘이 빠졌다. 하지만 이상하게 마음은 가벼워졌다.

복잡했던 생각들이 하나씩 사라졌다. 그날 밤 10년 후 풍광과 '세일즈 코치'라는 새로운 직업명을 종이 위에 선명하게 남겼다.

셋째 날, 배가 고파서 아예 잠이 오지 않았다. 자꾸 눈물이 났다. 미래를 걱정하며 변화를 꿈꾸는 내가 대견해서였다. 한편으로는 어린 시절부터 어렵게 살아온 나 자신에게 연민이 생겨서였다. 하지만 왠지 자신감도 생기고, 마음도 편안해졌다. 아마도 어제 그린 미래의 모습과 명확한 목표가 생겼기 때문이었을 것이다.

그때 깨달았다. 40년 가까이 살면서 온전히 나 자신에 대해 고민해본 시간을 3일이나 가져본 것이 처음이었다는 것을. 그리고 태어난 환경에 비해 내가 참 잘 살아왔다는 것을.

마지막 날, 선언서를 쓸 때 울컥했다. 펜을 쥔 손에 힘이 들어갔다. 가슴이 뜨거워졌다.

"40세, 늦지 않았다. 1인 기업가의 꿈을 향해 첫발을 내딛는다. 더 이상 남에게 고용당하지 않겠다. 나를 스스로 고용하겠다."

놀랍게도 50세가 되었을 때, 그 꿈들은 대부분 이루어졌다. 그때부터 내 영혼은 이미 직장에서도 1인 기업가로 살고 있었다. 3일간의 단식이 인생의 전환점이 되었다.

20년간의 위험한 이중생활

그 후 20년은 이중생활이었다. 낮에는 충실한 회사원, 밤에는 꿈꾸는 예비 기업가. 승진 발표가 났을 때도 그리 기쁘지 않았다. 동료들이 축하해줄 때 겉으로는 웃으며 속으로 생각했다.

'이게 내가 정말 원하는 건가?'

연봉이 올랐을 때도 허무했다. 통장에 찍힌 숫자를 보며 생각했다.

'언제까지 이 돈에 목매고 살 것인가?'

야근을 할 때마다 화가 났다. 사무실 형광등 아래서 혼자 남아 일할 때마다 속으로 외쳤다.

'내 시간을 왜 이렇게 버리고 있나?'

그럴 때마다 나는 그 홈페이지에 몰래 들어가 내가 쓴 선언문을 다시 읽었다. 그리고 속으로 다짐했다.

'조금만 더 기다리자. 언젠가는 저 약속을 꼭 지키자.'

지금도 구본형 변화경영연구소 '5천만의 꿈' 홈페이지에 들어가면 그때 내가 쓴 선언서가 그대로 남아 있다. 20년이 지났는데 한 글자도 바뀌지 않은 채로. 그때 함께했던 동기들의 "함께 꿈꿔요!", "20년 후에 꼭 성공했다고 인사드려요!", "우리 모두 자유인이 되어 만나요!"라는 댓글도 고스란히 남아 있다.

지금도 그 글들을 읽으면 목이 멘다. 그때 우리는 정말 순수했고, 간절했다. 그리고 놀랍게도, 많은 사람들이 정말로 그 약속을 지켰다.

2025년, 나는 만 60세가 되었다. 구본형 선생은 2013년에 하늘나라로 떠났다. 하지만 선생이 내 안에 심어준 씨앗은 20년 동안 뿌리를 내리고 자라났다. 그리고 드디어 꽃을 피울 때가 되었다. 선생과 한 그 약속을 이제야 지킬 수 있을 것 같다.

그리고 하늘나라에 있는 선생에게 이 말을 꼭 전하고 싶다. "20년 전 40세 청년이 선생을 만나지 않았다면 지금의 나는 없었을 것입니다. 여전히 남의 책상에 앉아서 남의 꿈을 이뤄주고 있었을 것입니다"라고. 선생이 내게 심어준 작은 씨앗 하나가 20년 동안 자라나 이제 수많은 사람들에게 전해지고 있다. 선생이 혼자 시작한 변화의 물결이 이제 거대한 파도가 되어 세상을 바꾸고 있다. 정말 감사하다.

이 글을 읽는 당신도 혹시 지금 화장실에서 울고 있지는 않는가? 한 번도 내 인생의 주인이 된 적이 없다는 절망감에 가슴이 찢어지지는 않는가? 괜찮다. 나도 그랬으니까. 그리고 지금 이 순간이 바로 시작점이다. 30세든, 40세든, 50세든 상관없다. 늦었다는 생각은 착각이다. 중요한 건 나이가 아니라 각오다. 누구나 각자의 하프 타임이 있다. 어떤 사람은 30대에, 어떤 사람은 40대에, 어떤 사람은 50대에 찾아온다. 중요한 건 그 하프 타임을 놓치지 않는 것이다. 그 신호를 무시하지 않는 것이다. 지금 당신이 이 글을 읽고 있다는 것 자체가 신호다. 당신의 하프 타임이 시작된 것이다.

전반전에는 남의 꿈을 이뤄줬다면, 후반전에는 내 꿈을 이뤄야 한다. 전반전에는 남이 만든 기준에 맞춰 살았다면, 후반전에는 내가 기준을 만들어야 한다. 전반전에는 고용당했다면, 후반전에는 스스로를 고용해야 한다. 그래서 이제 당신에게 외친다. 20년 전 구본형 선생이 내게 외쳤던 그 말을. "그대, 스스로를 고용하라!"

무서운가? 나도 무서웠다. 늦었다고 생각하는가? 절대 늦지 않았다. 혼자라고 느끼는가? 우리가 함께한다. 지금 이 순간이 운명의 갈

림길이다. 10년 후, 20년 후 당신은 오늘을 기억할 것이다. "그날이 내 인생이 바뀐 날이었다"고 말할 수 있도록, 지금 당장 시작하라. 거울을 보고 "나는 나를 고용한다"고 선언하라. 그리고 당신 인생 최초의 CEO 결정을 내려라. 작은 것이라도 좋다. 중요한 건 시작하는 것이다.

후반전 킥오프 휘슬이 울렸다. 이제 당신의 시간이다. 필드로 나와라. 그리고 세상과 한판 붙어라.

* 이 단계에서 할 일

1. 나만의 선언서 작성하기: 20년 전의 나처럼, 당신만의 변화 선언서를 작성하라. "나는 나를 고용한다"로 시작해서 구체적인 다짐을 적어보라. 그리고 가족이나 친구에게 선언하라.
2. 첫 번째 CEO 결정 내리기: 오늘부터 당신은 당신 인생의 CEO다. 첫 번째 CEO 결정을 내려라. 작은 것이라도 좋다. 중요한 건 "내가 결정했다"는 사실이다.
3. 하프 타임 점검하기: 지금까지의 전반전을 돌아보고, 앞으로의 후반전을 계획하라. 무엇을 버릴 것인가? 무엇을 새로 시작할 것인가? 구체적으로 적어보라.

* 셀프 코칭 질문

1. 나는 지금까지 누구에게 고용되어 살았는가? 회사? 부모? 사회? 남의

기대? 진짜 나 자신을 고용해본 적이 있는가?

2. 내 인생의 하프 타임이 언제인가? 지금이 그 신호인가? 이 신호를 무시할 것인가, 받아들일 것인가?

3. 20년 후 나는 오늘을 어떻게 기억하고 싶은가? "그날이 내 인생이 바뀐 날이었다"고 말할 수 있을까? 지금 당장 시작할 용기가 있는가?

2. 가족이 당신의 든든한 힘이다

당신이 퇴직하는 순간, 두 개의 시계가 동시에 작동을 멈춘다. 회사에서의 신분을 잃는 순간과 가정에서 소외되기 시작하는 순간이 그것이다. 그리고 그 두 순간 사이에는 참혹한 상관관계가 숨어 있다.

통계청이 발표한 2024년 이혼 통계는 소름끼치는 진실을 보여준다. 우선 평균 이혼 연령은 남자 50.4세, 여자 47.1세다. 더 충격적인 것은 남자의 연령별 이혼율이 40대 후반에서 7.2건으로 최고점을 찍는다는 사실이다. 이는 우연이 아니다. 퇴직을 앞두거나 막 퇴직한 시기와 정확히 일치한다. 그중 혼인 지속 기간 30년 이상 이혼이 전체 이혼의 16.6%를 차지한다. 자녀를 키우고 집을 마련하느라 정신없이 달려온 30년. 그 모든 것이 끝나는 순간, 부부는 서로에게 남은 것이 없다는 사실을 깨닫는다.

회사에 치여 배우자와 소통하지 못하고, 사춘기를 지나는 자녀들과 서먹해진 상태에서 퇴식이라는 거대한 변화를 맞이하면 가정은 순식간에 무너진다. 특히 한국 남성들은 치명적인 실수를 저지른다. 아내와 의논 없이 회사를 그만두는 경우가 비일비재하다. '가장으로서,

남편으로서 내가 알아서 할 일'이라는 착각이 가정을 파탄으로 몰고 간다. 50대 이후에는 배우자가 생존의 핵심이 되는데, 정작 그 배우자와의 관계를 스스로 망쳐버리는 것이다.

특히 독거 중년 남성들이 마주하는 현실은 참혹하다. 사회적 고립, 우울감, 그리고 삶의 의미 상실은 이들을 병들게 한다. 또한 건강 관리 소홀, 불규칙한 식사, 알코올 의존 등은 이들을 각종 질병으로 몰고간다. 더 심각한 것은 정서적 고립이다. 회사를 그만둔 후 동료들과 관계가 끊어지고, 가족과도 멀어진 중년 남성들은 극도의 외로움을 경험한다. 이는 우울증, 알코올 중독, 심지어 자살 충동으로까지 이어질 수 있다. 퇴직 후 가장 위험한 것은 '무력감'이다. 직장에서 정체성을 잃고, 가정에서 역할도 애매해진 상황에서 자신의 존재 의미를 찾지 못하면 심각한 정신건강 문제에 직면한다.

반대로 인생 2막을 성공적으로 설계하고 살아가는 사람들을 살펴보면 놀라운 공통점이 있다. 성공적인 인생 전환을 이룬 중년들 대부분은 배우자의 이해와 지원, 자녀들의 이해와 응원을 받았다는 것이다. 한국인간발달학회 곽금주 교수 연구팀이 중년 직장 남성 618명을 대상으로 실시한 연구에서도 가족관계가 행복 심리와 유의한 상관관계를 보인다는 결과가 나왔다. 특히 40대와 50대 모두에서 이러한 상관관계가 일관되게 나타났다. 더 중요한 것은 50대 중년 직장 남성의 경우 부부관계가 직무 만족보다 더 큰 설명력을 가진다는 점이었다. 즉, 나이가 들수록 가족관계가 행복의 중요한 요인이 된다는 것이다. 퇴직 후 성공적으로 제2의 인생을 개척한 사람들을 인터뷰한 결과에서도 가장 중요한 조언 중 하나가 바로 "투자하기 전에 반드시 아내 혹은 남편, 배우자와 상의하라"는 것이었다. 실제로 인생 2막을 성공적으로 시작한 사람들을 분석해보면, 대부분 중요한 결정을 혼자 내리지 않았다.

MIT 슬론 경영대학원 피에르 아줄레 교수팀이 미국 창업자 270만 명을 분석한 연구에서도 놀라운 결과가 나왔다. 성공한 창업가들의 평균 나이는 42세였으며, 성장 속도에서 상위 0.1%에 드는 기업의 창업가 평균 나이는 45세였다. 중년 창업자들이 젊은 창업자들보다 성공률이 높은 이유 중 하나는 바로 가족의 안정적 지원이 뒷받침되기 때문이었다.

이러한 여러 연구들을 따져 보았을 때, 경제적 안정성, 풍부한 경험, 그리고 무엇보다 배우자와 자녀들의 심리적 지지가 있어야 위험한 창업에 성공할 수 있음을 알 수 있다. 특히 창업이나 전직 과정에서 가족의 정서적 지지는 결정적인 역할을 한다. 따라서 실패에 대한 두려움, 경제적 불안감, 미래에 대한 걱정을 가족과 함께 나누고 해결해 나갈 수 있어야 한다.

회사는 당신을 언제든 버릴 수 있다. 동료들은 퇴직과 함께 연락이 끊어진다. 부하 직원들은 새로운 상사에게 충성한다. 그 누구도 당신의 편이 되어주지 않는다. 오직 가족만이 어떤 상황이든 마지막까지 함께한다.

50대 이후의 노후 준비와 미래 설계는 반드시 배우자와 함께 해야 한다. 경제적 계획, 건강 관리, 주거 문제, 그리고 정서적 지지까지 모든 것이 배우자와의 관계에 달려 있다. 결혼한 사람이라면 배우자와의 관계를 잘 유지하는 것이 그 어떤 투자보다 중요하다.

자녀들과의 관계도 마찬가지다. 사춘기를 지나면서 서먹해진 관계를 회복하지 못하면, 중년 이후 부모는 완전한 외톨이가 된다. 자녀들의 이해와 응원이 있어야 인생 2막도 당당하게 시작할 수 있다.

가족과 소통하는 구체적 방법

그렇다면 가족과는 어떻게 소통해야 할까?

첫째, 모든 중요한 결정은 배우자와 상의하자. 퇴직, 이직, 창업, 투자 등 인생의 중대한 선택을 혼자 결정해서는 안 된다. 배우자는 당신의 동반자지 부하 직원이 아니다. 충분히 논의하고 합의점을 찾아야 한다. 특히 퇴직 시기와 방법은 가족 전체의 미래가 걸린 문제다.

둘째, 자녀들과 정기적으로 소통하는 시간을 만들자. 바쁘다는 핑계로 자녀들과 멀어지면 회복하기가 어렵다. 주말에는 가족과 함께 하는 시간을 확보하고, 자녀들의 관심사에 진정으로 귀 기울여야 한다. 그들의 미래에 대해서도 함께 고민하고 조언해줄 수 있는 관계를 유지하는 것은 물론이다.

셋째, 가족의 일에 적극적으로 참여하자. 집안일, 자녀 교육, 가족 행사 등을 배우자에게만 맡겨서는 안 된다. 가정에서도 당신의 존재감을 보여줘야 한다. 퇴직 후에는 가정이 당신의 주 무대다. 지금부터 그 무대에서의 역할을 연습해야 한다.

 넷째, 정기적인 가족 회의를 열자. 중요한 결정이나 계획을 논의할 때는 모든 가족 구성원이 참여하는 시간을 가져야 한다. 가족 모두가 같은 방향을 바라보고 있어야 어떤 어려움도 극복할 수 있다.

가족 관계 회복이 생존 전략이다

 많은 중년 남성들이 돈만 벌어다 주면 가족이 알아서 기다려줄 것이라고 착각한다. 하지만 감정은 계좌에 저축되지 않는다. 소통하지 않은 시간, 함께하지 못한 순간들은 절대 돌이킬 수 없다. 퇴직과 함께 가족마저 잃으면 그야말로 모든 것을 잃는다.

 가족이야말로 중년 이후의 가장 중요한 자산이다. 건강할 때는 몰라도 아플 때, 힘들 때, 외로울 때 당신을 돌봐줄 사람은 가족뿐이다. 경제적 독립도 중요하지만, 정서적 독립은 불가능하다. 인간은 혼자서는 살 수 없는 존재다. 통계가 증명하듯 퇴직과 이혼 시기가 일치하고, 중년 독거 남성들의 삶은 참혹하다. 따라서 가족과의 관계 회복은 선택이 아닌 생존의 문제라 할 수 있다.

 지금이라도 늦지 않았다. 퇴직을 앞두고 있다면 더욱 절실해야 한다. 배우자와 진솔히 대화하고, 자녀들과 시간을 보내라. 회사에서의 성공보다 가정에서의 행복이 인생의 진짜 성공이다. 믿을 건 가족밖에 없다. 그마저 잃으면 당신에게는 아무것도 남지 않는다. 돈을 잃으면 조금 잃는 것이고, 명예를 잃으면 많이 잃는 것이지만, 가족을 잃으면 모든 것을 잃는 것이다.

하지만 가족과의 관계 회복은 하루아침에 이루어지지 않는다. 지금부터 꾸준히 노력해야 한다. 매일 조금씩, 진심으로 가족과 소통하라. 그것이 인생 2막을 성공적으로 시작할 수 있는 가장 확실한 기반이다.

✽ 이 단계에서 할 일

1. **배우자와 주간 대화 시간 정하기**: 매주 정해진 시간에 30분 이상 서로의 고민과 계획을 허심탄회하게 나누는 시간을 만든다. 스마트폰은 치우고, 오직 둘만의 시간을 가진다. 회사 얘기만 하지 말고 진짜 속마음을 털어놓는 시간으로 만든다.

2. **자녀와 1:1 시간 확보하기**: 한 달에 최소 한 번은 각 자녀와 단둘이 식사하거나 산책하며 깊은 대화를 나눈다. 그들의 관심사를 진정으로 이해하려 노력하고, 당신의 경험을 강요하지 말고 조언자가 되자. 부모가 아닌 친구로서 다가가자.

3. **가족 회의 시스템 도입하기**: 중요한 결정이나 가족 계획을 논의할 때, 모든 구성원이 참여하는 정기 가족 회의를 열자. 퇴직 준비, 이사, 교육 문제 등을 투명하게 공유하고, 함께 결정하자. 가족의 목소리를 듣는 것에서부터 소통은 시작된다.

* **셀프 코칭 질문**

1. 퇴직이나 이직 등 중요한 결정을 할 때 배우자와 충분히 상의하고 있는가?

2. 자녀들이 나에게 고민을 털어놓을 만큼 편안한 관계를 유지하고 있는가? 자녀들이 당신을 어려워하고 있지는 않은가? 그들의 진짜 고민과 꿈을 알고 있는가?

3. 가족들이 나의 현재 상황과 미래 계획에 대해 정확히 알고 있는가? 가족들이 당신의 회사 상황, 경제적 상태, 미래 계획에 대해 얼마나 알고 있는가?

3. 몸이 무너지면 모든 게 끝난다

당신은 지금 죽어가고 있다. 느리지만 확실하게, 매일 조금씩 죽어가고 있다. 통계청 자료에 따르면, 자살률도 30대에 26.4명에서 40대에 31.6명으로 19.7% 증가한다고 한다. 이건 통계가 아니라 당신의 현실이다.

회사 승진을 위해 밤늦게까지 술 마시고, 스트레스를 담배로 달래고, 운동할 시간에 야근을 하며 30년을 살아온 대가가 이제 본격적으로 청구되고 있다. 당신의 몸은 이미 항복 선언을 했다. 대사증후군 유병률이 이를 증명한다. 심장대사증후군학회의 2024년 팩트시트에 따르면, 20대 8.7%에서 40대 26.7%로 무려 3배 증가한다고 한다. 50대에는 그 비율이 34.2%에 달한다. 당신 주변의 직장 동료 10명 중 3명이 이미 대사증후군 환자라는 뜻이다.

당뇨병 전 단계에 해당하는 30세 이상 성인은 거의 40%다. 절반가량이 당뇨병 직전 상태로 살아가고 있는 것이다. 건강보험심사평가원 통계에 따르면, 50대 고혈압 환자는 40대보다 126.5% 많다. 당뇨병 환자는 121.4% 많다. 10년 사이에 2배 이상 증가한다는 뜻이다.

전립선비대증 역시 심각하다. 의료진들이 흔히 언급하는 것처럼 40대 남성의 40%, 60대 남성의 60%에서 조직학적 전립선비대증이 발견된다. 나이가 들수록 기하급수적으로 증가하는 것이다.

이 모든 숫자들이 당신과 무관하다고 생각하는가? 당신도 이 통계 안에 들어가 있다. 예외는 없다. 회사에서 '일 잘하는 사람'으로 인정받기 위해 몸을 혹사한 모든 중년 남성들이 겪는 공통된 비극이다.

한국 남성의 죽음은 예고되어 있다. 사망 원인의 2/3가 암과 심뇌혈관질환이다. 이 두 질환은 40~50대에 급속히 증가한다. 위암, 대장암, 간암, 폐암도 마찬가지다. 45~69세 남성에게는 위암이 가장 치명적이다. 70세 이후에는 폐암이 당신을 기다리고 있다.

심뇌혈관질환은 더 무서운 암살자다. 고혈압은 협심증, 심근경색, 뇌졸중을 일으키는 주범인데, 문제는 아무런 증상이 없다는 것이다. 어제까지 멀쩡하던 40대 부장이 오늘 아침 사무실에서 쓰러져 응급실로 실려가는 일이 매일 일어난다.

우리나라 성인 10명 중 3명은 고혈압 환자다. 60세 이상은 2명 중 1명이다. 하지만 당신에게는 아직 기회가 있다. 고혈압을 제대로 치료하면 뇌졸중 35~40%, 심근경색 20~25%, 심부전 50% 이상을 예방할 수 있다. 문제는 대부분의 사람들이 이 기회를 놓친다는 것이다. '바쁘다'는 핑계로, '괜찮다'는 착각으로 말이다.

40대 이후 건강 검진을 받지 않는 것은 자살 행위다. 암과 심뇌혈관질환은 발병 전까지 아무런 증상이 없다. 몸이 아프기 시작하면 이미 늦다. 치료가 아닌 연명치료 단계로 접어든다.

국가 건강 검진은 무료다. 국민건강보험공단에서 전액 부담한다. 그런데도 받지 않는다. 시간이 없다고, 귀찮다고, 무섭다고. 그러다가 병이 진행된 후 수천만 원의 치료비를 지불한다. 예방에 들어가는 비용의 수십 배를 말이다.

운동하지 않는 40대는 서서히 죽어간다. 서울아산병원의 연구에 따르면, 규칙적인 운동만으로도 수축기 혈압이 5mmHg, 이완기 혈압이 4mmHg 감소한다고 한다. 규칙적인 신체활동만으로도 고혈압 발생을 20~30%가량 줄일 수 있다. 이런 명백한 사실 앞에서도 운동하지 않는 이유는 뭔가? 시간이 없다고? 거짓말이다. 넷플릭스 볼 시간은 있으면서?

당뇨병에 대한 운동 효과는 더 놀랍다. 체중 감소와 무관하게 당화혈색소가 감소한다. 40대 이후 매년 1%씩 떨어지는 운동 능력을 운동으로 절반 이하로 줄일 수 있다. 이처럼 운동이 최고의 약이라는 게 입증되었는데도 왜 하지 않는가?

당신이 먹는 음식이 당신을 죽인다. 당뇨병 환자의 60% 이상이 복부 비만을 동반한다. 뱃살은 단순한 외모 문제가 아니라 죽음의 신호다. 인스턴트 음식, 기름진 음식, 단 음료수와 같은 것들이 당신을 서서히 죽이고 있다. 하루 7시간가량 잠을 자지 않는 것도 비만을 유발한다. 만성 스트레스는 혈압을 올리고, 면역력을 떨어뜨린다.

40대 이후 건강한 외모는 생존 전략이다. 프리랜서나 1인 기업가로 나섰을 때 아프고 지쳐 보이는 사람에게 누가 일을 주겠는가? 건강해 보이는 강사와 피곤해 보이는 강사 중 누구를 선택하겠는가? 답은 명

백하다. 건강한 외모는 사치가 아니라 비즈니스 경쟁력이다. 젊을 때는 능력만으로도 버틸 수 있었다. 하지만 중년 이후에는 건강한 외모와 전문성이 함께 있어야 살아남는다. 자신이 곧 브랜드인 시대에 망가진 몸은 망가진 브랜드를 의미한다.

건강을 잃으면 모든 것을 잃는다. 많은 중년 남성들이 젊을 때 몸을 혹사시켜서 돈을 번 후 나중에 치료하면 된다고 착각한다. 완전히 틀렸다. 건강은 돈으로 살 수 없다. 암 진단을 받은 순간, 연봉 1억도 무의미해진다.

치료비를 생각해보자. 암 치료비는 평균 3천만 원에서 5천만 원이다. 심장 수술비는 2천만 원에서 3천만 원이다. 여기에 소득 상실까지 더하면 경제적 타격은 수억 원에 달한다. 예방에 1원 투자하면 치료에 10원이 든다는 말이 허언이 아니다. 더 끔찍한 것은 시간의 상실이다. 몸이 망가지면 아무리 훌륭한 인생 계획도 휴지 조각이 된다. 경제적 독립을 위해 쌓아온 모든 노력이 병원비로 사라진다. 가족과 함께할 시간도, 새로운 도전을 할 기회도 모두 잃는다. 죽음이 아니라 '살아있는 죽음'이 더 무섭다.

그러니 일찍부터 매년 건강 검진을 받고, 주 5회 이상 운동하며, 금연과 절주를 실천하라. 내일부터 시작한다고? 거짓말이다. 지금 당장 달력을 펴서 건강 검진 날짜를 잡아라. 오늘부터 계단을 걸어 올라가라. 예방이 치료보다 100배 중요하다. 이건 의학적 사실이다. 건강을 잃으면 모든 것을 잃는다. 이건 인생의 진실이다. 당신에게 주어진 시간은 많지 않다. 지금 시작하지 않으면 내일은 더 늦다.

당신의 선택이 당신의 운명을 결정한다. 건강한 노후를 보내며 경제적 자유를 누릴 것인가, 아니면 병원 침대에서 후회하며 생을 마감할 것인가. 선택은 당신 몫이다. 하지만 시간은 당신을 기다려주지 않는다.

* 이 단계에서 할 일

1. 내일 당장 건강 검진 예약하기: 40대 이후라면 매년, 최소 2년마다 종합 건강 검진을 받고, 위내시경, 대장내시경 등 필수 검사를 놓쳐서는 안 된다.
2. 오늘부터 주 5회 30분 운동 시작하기: 유산소 운동 3회, 근력운동 2회로 구성하고, 변명하는 대신 무조건 시작한다.
3. 건강한 외모를 비즈니스 무기로 만들기: 깔끔한 복장, 활기찬 표정, 건강한 체형으로 신뢰도를 높이는 퍼스널 브랜딩을 구축한다.

* 셀프 코칭 질문

1. 최근 2년 내에 종합 건강 검진을 받았으며, 이상 소견에 대해 즉시 치료를 받았는가?
2. 주 5회 이상 30분씩 규칙적인 운동을 하고 있는가?
3. 내 건강 상태가 비즈니스 성과와 직결된다는 사실을 인정하고, 건강관리에 투자하고 있는가?

4. 꿈이 있는 중년, 그게 힘이다

 직장인 10명 중 7명이 현재 직업으로는 미래가 불안하다고 답했다. 하지만 정작 구체적인 꿈과 목표를 가진 사람은 극소수에 불과하다. 나머지 대부분은 불안해하면서도 아무것도 하지 않는다. 그냥 불안감 속에서 매일을 버티고 있다. 이것이 바로 당신의 현실이다.

 중년의 위기는 현실이다. 40대 중반을 넘어가면 체력적 한계를 느끼고 집-회사의 범주에서 크게 벗어나지 않게 된다. 30대에는 그래도 퇴근 후 동창들과 소주 한잔 기울이는 시간이 있었지만, 이제는 그마저도 버겁다. 회사에서는 점점 더 어려운 문제들을 던져주고, 집에서는 가족들이 나만 쳐다보고 있다. 주저앉을 수도 없는 상황이다.

 더 절망적인 것은 미래에 대한 막연한 불안이다. 40대 이후 응답자의 60.6%가 '무엇을 준비해야 할지 모르겠는 막연한 미래(노후)'에 대한 걱정으로 불안하다고 답했다. 직장인 10명 중 7명은 현재 하는 일로는 미래가 불안하다고 생각한다. 그런데도 대부분은 아무것도 하지 않는다. 왜일까? 무기력해서다.

 당신은 현상 유지라는 덫에 걸려 있다. 심리학에서는 이를 '현상 유지 편향Status Quo Bias'이라고 부른다. 윌리엄 새뮤얼슨William Samuelson 과 리처드 제크하우저Richard J. Zeckhauser가 1988년 발표한 연구에서 증명한 바와 같이, 사람들은 현재 상태에 그대로 머물고자 하는 강한 경향을 가지고 있다. 중년 직장인들이 특히 이 덫에 빠지기 쉽다. 지금 당장은 큰 문제가 없으니까 괜찮다고 생각한다. 월급은 나오고, 집은 있고, 가족들과 별 탈없이 지낸다.

하지만 이런 안전지대는 착각일 뿐이다. 당신이 안전하다고 생각하는 그 순간, 세상은 변하고 있다. 기술은 발전하고, 경쟁자들은 준비하고, 시장은 요동치고 있다. 당신만 멈춰 서 있다.

꿈은 20대의 전유물이 아니다. 꿈은 젊을 때만 꾸는 것이라고 많은 사람들이 착각한다. 완전히 틀렸다. 아이러니하게도 30대 중반이나 40대 초반 정도가 비로소 꿈에 대해 진지하게 얘기할 수 있는 나이다. 사회에서 중간 관리자까지 경험해 보아야 자신에 대해 어느 정도 객관적 관점을 가지고, 업무에 대해서도 충분히 현실적인 감각이 생긴다.

20대의 꿈은 대부분 환상이다. 세상을 제대로 모르니까 막연한 동경에 그친다. 하지만 40대의 꿈은 다르다. 자신의 능력과 한계를 알고, 시장의 현실을 이해한 상태에서 세우는 구체적인 목표다. 이것이야말로 진짜 꿈이다. 실현 가능한 꿈이다.

앞서 Part3의 '후반전, 부자를 꿈꿔도 좋다'에서도 언급한 바 있지만 부자가 되는 사람들에게는 공통점이 있다. 나이 들어서 돈을 많이 모은 사람들을 자세히 보면, 그들에게는 '부자'가 되겠다는 명확한 꿈이 있었다. 교수가 되려는 사람도, 의사가 되려는 사람도 마찬가지다. 그들은 '성공하고 싶다'는 막연한 소망이 아니라 '언제까지 무엇을 어떻게 달성하겠다'는 구체적인 계획을 가지고 있었다.

당신이 가장 잘해왔던 분야, 오랜 기간 꿈꿔왔던 업무에 필요한 자격증이야말로 가장 확실한 연금이다. 국민연금, 개인연금, 퇴직연금은 모두 불안하다. 하지만 당신의 전문성은 아무도 빼앗아갈 수 없다. 당신이 평생 갈고닦은 기술과 경험은 가장 확실한 노후 보장이다. '이제 늦었다'는 생각은 버려라. 40~50대에 시작해도 전혀 늦지 않다. 아니, 이제 시작이다.

직장생활을 평생 하고 정년을 맞는 것도 복이지만, 현실은 그렇게 호락호락하지 않다. 구조조정, 조기 퇴직, 명예퇴직이 언제 당신에게 닥칠지 모른다. 삶은 인간을 그렇게 편안하게 살도록 놔두지 않는다. 그래서 더 늦기 전에 꿈을 일깨우고, 다시 뭔가를 꿈꾸는 것이 중요하다. 그래야 직장생활도 재미있고, 삶도 즐거워진다. 지금의 안정된 직장을 발판 삼아 새로운 꿈을 키워나가야 한다.

중년에게 필요한 것은 거대한 야망이 아니다. 현실적이면서도 구체적인 목표다. '10년 후 나는 무엇을 하고 있을 것인가?', '5년 후 나의 수입원은 무엇인가?', '3년 후 나는 어떤 전문성을 갖추고 있을 것인가?'와 같은 질문에 명확하게 답할 수 있어야 한다. 꿈을 다시 꾸기 시작하면 모든 것이 달라진다. 매일 반복되던 일상에 의미가 생긴다. 지금 하는 일도 미래를 위한 밑판으로 보이기 시작한다. 새로운 것을 배우고 싶고, 사람들과 네트워킹하고 싶어진다. 무엇보다 살아 있다는 느낌이 든다.

적당한 위기감이야말로 성장의 동력이다. 안전지대를 벗어나면 불안감이 생기고 스트레스 반응이 일어난다. 하지만 이것이 집중력을 향상시킨다. 편안한 안전지대에서는 절대 성장할 수 없다. 약간의 불안감과 위기감이 당신을 깨어 있게 만든다.

40대, 50대는 끝이 아니라 새로운 시작이다. 지금까지 쌓아온 경험과 노하우를 바탕으로 진짜 원하는 삶을 설계할 수 있는 황금기다. 20대처럼 무모하지도 않고, 60대처럼 체력이 달리지도 않는다. 경험과 체력, 그리고 현실 감각을 모두 갖춘 최적의 타이밍이다. 그러니 지금 당장 시작하라. 오늘 당장 노트를 펴서 10년 후 목표를 써보라. 구체적으로, 측정 가능하게, 실현 가능하게 써보라. 그리고 그 목표를 달성하기 위해 내일 무엇을 할 것인지 적어보라.

당신에게 주어진 시간은 생각보다 많지 않다. 40대라면 활동할 수 있는 시간이 20~30년 남았다. 50대라면 10~20년이다. 이 시간을 그냥 흘려보낼 것인가, 아니면 진짜 원하는 삶을 위해 투자할 것인가?

* **이 단계에서 할 일**

1. 오늘 당장 구체적인 10년 목표 세우기: "10년 후 나는 ○○ 분야의 전문가가 되어 월 ○○○만 원의 수입을 얻고 있다"처럼 구체적인 글로 써보자. 막연한 꿈이 아닌 측정 가능한 목표로 만들자.
2. 현상 유지 편향 깨뜨리기: 이번 주부터 평소 하지 않던 새로운 일을 하나씩 시도해 보자. 새로운 길로 출근하기, 새로운 장르의 책 읽기, 새로

운 사람과 커피 마시기 등 작은 것부터 시작해 보자.

3. 미래 수입원 다각화 계획 세우기: 현재 직장 외에 어떤 수입원을 만들 수 있는지 구체적으로 조사하고 실행 계획을 세워보자. 강의, 컨설팅, 부업, 투자 등 자신의 전문성을 활용할 수 있는 방법도 찾아보자.

∗ 셀프 코칭 질문

1. 나는 구체적인 목표를 가지고 있는가? 내 목표를 다른 사람에게 명확하게 설명할 수 있는가?

2. 지난 1년간 나는 얼마나 새로운 도전을 했는가? 안전지대에 안주하면서 변화를 두려워하고 있지는 않는가?

3. 현재 직장이 없어져도 다른 방법으로 생계를 유지할 수 있는가? 직장 외의 수입원이나 전문성을 개발하고 있는가?

5. 플랜B가 있으면 실패해도 괜찮다

당신은 왜 독립을 못하는가? 답은 간단하다. '실패하면 어떻게 하지?'라는 두려움 때문이다. '사람인'의 조사에 따르면, 직장인 10명 중 7명이 현재 직업으로는 미래가 불안하다고 답했다. 하지만 정작 구체적인 행동을 취하는 사람은 극소수다. 이유는 명확하다. '퇴사하면 돌아갈 곳이 없다'는 착각에 빠져 있기 때문이다.

성공하는 사람들은 다르다. 그들은 실패 시나리오를 미리 그려놓고 시작한다. 역설적이게도 플랜B가 있어야 플랜A에 전념할 수 있다. 독립은 도박이 아니다. 계산된 모험이어야 한다. 특히 40~50대는 가족 부양이라는 책임 때문에 더욱 움츠러든다. 월급이 끊기는 순간부터 생계가 막막해진다고 생각한다. 완전한 착각이다. 통계청 자료를 보자. 2023년 맞벌이 가구 비중이 48.2%로 역대 최대를 기록했고, 18세 미만 자녀가 있는 맞벌이 가구도 56.8%에 달했다. 문제는 '실패=인생 끝'이라는 잘못된 생각이다.

신혼부부 맞벌이 비중이 57.2%로 역대 최고를 기록한 이유는 무엇인가? 단순히 생활비 때문만은 아니다. 경제적 안정성 때문이다. 부부 중 한 사람은 반드시 고정 수입을 유지해야 한다. 이것이 가장 확실한 플랜B다.

작지만 꾸준한 수입이 얼마나 중요한지 아는가? 고정적으로 들어오는 수입이 있으면 재테크나 노후 경제 안정에 엄청난 도움이 된다. 부동산 가격이 하락하거나 금리가 인상될 때 급하게 자산을 처분하지 않아도 된다. 여유를 갖고 지혜롭게 재산을 늘리고, 노후를 준비할 수 있다.

반대로 부부가 모두 동시에 불안정한 수입에 의존하면 어떻게 될까? 위기가 오면 선택의 여지가 없어진다. 손해를 보더라도 급하게 자산을 정리해야 한다. 이것이 중산층이 한순간에 무너지는 가장 큰 이유다. 2023년 가구 평균 자산이 5억 2,727만 원, 부채가 9,186만 원인 현실에서 고정 수입 없이 버티는 것은 불가능하다.

중소벤처기업부 자료를 보면, 창업 1년 후 생존율이 60%에 불과하다. 40%가 망하는 이유가 무엇일까? 대부분이 매몰비용의 함정에 빠지기 때문이다. 창업진흥원의 조사에 따르면, 실패한 창업가들의 77%가 "초기 적자를 만회하려다 더 큰 손실을 봤다"고 답했다. 반면에 성공적으로 사업을 정리한 창업가들은 90% 이상이 "미리 정한 기준에 따라 손절했다"고 답했다.

경제학에서 말하는 '매몰비용 오류Sunk Cost Fallacy'는 바로 이것이다. 이미 투자한 돈이 아까워서 계속 밑 빠진 독에 물 붓는 행위. 복귀 시나리오가 없으면 이 함정에서 빠져나올 수 없다.

3단계 복귀 전략

· **1단계: 배우자와 역할 분담하기**

전체 유배우 가구 중 맞벌이 비중이 48.2%인 현실에서 가장 확실한 전략은 명확한 역할 분담이다. 한 사람이 도전할 때 다른 한 사람은 반드시 안정적인 수입을 유지해야 한다.

· **2단계: 명확한 데드라인 정하기**

'1년 후 월 매출 800만 원 미달시 복귀'처럼 구체적 기준을 세워야 한다. 애매한 '조금 더 해보자'는 파멸의 지름길이다. 데드라인이 있어야 매몰비용의 유혹을 뿌리칠 수 있다.

· **3단계: 복귀 루트 미리 확보하기**

지금 당장 전화를 걸어 '1년 후 자리가 있는지' 물어볼 수 있는 사람이 몇 명이나 되는가? 복귀 루트가 막히면 억지로라도 버티게 된다.

창업에 실패했다고 인생이 끝나는 게 아니다. 오히려 희소한 경험을 쌓은 것이다. 실제로 스타트업이나 중소기업에서는 창업 경험자를 우대한다. '실패한 창업자'가 아니라 '실전 경험을 가진 전문가'로 보는 것이다.

플랜B는 보험이 아니라 무기다. 복귀할 곳이 있다는 확신이 서면 더 큰 리스크를 감수할 수 있다. 더 혁신적인 아이디어를 시도할 수 있다. 그리고 무엇보다 매몰비용의 함정에 빠지지 않는다.

가장 확실한 플랜B는 배우자의 고정 수입이다. 부부가 함께 계획을 세워야 한다. 한 사람이 도전할 때 다른 한 사람은 안정적인 수입을 유지하는 것. 이것이 중산층이 무너지지 않고 성장할 수 있는 가장 현실적인 전략이다.

오늘 밤 배우자와 상의해 보자. 누가 도전하고 누가 안정을 담당할 것인지 정해 보자. 내일 아침 복귀 연락처 3명에게 전화를 해보자. 1년 후 자리가 있는지 물어보자. 이번 주 안에 명확한 데드라인을 정하고, 언제까지, 어떤 기준으로 포기할 것인지 써놓자.

시간은 당신을 기다려주지 않는다. 하지만 플랜B가 있으면 두려움 없이 도전할 수 있다. 실패해도 다시 일어설 수 있다. 지금 이 순간이 당신의 독립을 결정하는 순간이다.

* 이 단계에서 할 일

1. **배우자와 플랜B 협의하기**: 부부 중 한 사람은 반드시 고정 수입을 유지하기로 합의하자. 누가 도전하고 누가 안정을 담당할지, 언제까지 유지할지 구체적으로 정하자.
2. **복귀 데드라인 설정하기**: 독립 후 언제까지 버틸 것인지 구체적인 기준을 정하자. 시간(6개월, 1년), 자금(생활비 3개월분 남을 때), 성과(월 매출 기준) 등 명확한 지표로 만들자.
3. **복귀 연락처 3명 확보하기**: 지금 당장 전화해서 "1년 후 자리 있으면 연

락을 달라"고 말할 수 있는 사람을 이전 직장 상사, 동료, 거래처, 헤드헌터 등을 포함해 3명 이상 확보하자.

* 셀프 코칭 질문

1. 배우자와 플랜B에 대해 구체적으로 상의했는가? 부부 중 누가 안정적 수입을 담당하고, 누가 도전할 것인지 명확히 정했는가?
2. 나의 복귀 계획이 '안 되면 재취업하지 뭐'라는 막연한 수준인가, 아니면 구체적인 기준과 시기가 정해진 계획인가?
3. 독립이 실패로 끝나더라도 "소중한 경험을 쌓았다"고 당당하게 말할 수 있는가? 실패에 대한 두려움이 도전을 가로막고 있지는 않은가?

6. 퇴직 전 부업 포트폴리오 완성하기

 많은 직장인들이 부업을 시작하며 치명적 실수를 범한다. 안정적인 본업을 포기하고 부업에 올인하려 드는 것이다. 이는 자살 행위다. 매달 통장에 찍히는 월급이야말로 당신이 가진 최고의 투자 자산이다.
 통계가 이 무모함을 증명한다. 엠브레인 트렌드모니터 조사를 보자. 퇴직 후 창업 실패율에서 대표자의 연령대가 50~60대 이상인 신생 기업 중 소멸 기업이 48%에 달했다고 한다. 창업 후 1년 생존율은 63.7%, 3년 생존율은 겨우 44.7%였다. 중장년 창업자의 70%가 가장 큰 장애 요인으로 '자금 확보의 어려움'을 꼽았다. 그중 95%는 내 돈을 투자하고, 단 1%만이 정부 지원금을 활용했다. 고정 수입 없이 사업을 시작하다 보니 변화무쌍한 경제 환경에 대응할 여력이 부족하기 때문이었다.
 당신이 생각하는 것보다 현실은 훨씬 잔혹하다. 부업이 조금 잘돼서 성급하게 회사를 그만두는 사람들을 보자. 그 순간부터 투자가 아닌 투기로 변한다. 당장 생활비가 나와야 하니까 조급해진다. 장기적 관점을 잃고 단기 수익에만 매달린다.

그렇다면 성공한 부업가들은 어떨까? 그들을 분석해 보면 흥미로운 패턴이 발견된다. 초기 3~5년간은 절대 본업을 그만두지 않았다는 점이다. 반면에 실패한 사람들은 부업이 조금 잘되면 성급하게 회사를 그만두었다. 그들은 착각했다. 부업 성공이 본업 없이도 가능하다고 생각했다. 완전히 틀렸다. 본업이라는 안전망이 있었기에 부업에서 과감한 도전이 가능했던 것이다.

우리는 참혹한 실패 사례들을 직시할 필요가 있다. YTN 등 언론에 보도된 동해안 분양형 호텔 투자자들을 보자. 그들은 퇴직금으로 호텔 여러 객실을 매입했다가 코로나19로 수익금을 한 푼도 받지 못했다. 서울 강남권 꼬마빌딩 투자자들은 3년째 대출 이자만 내고 있다. 80% 대출로 구입 후 공실이 장기화되면서 매달 수천만 원의 이자 부담에 시달리고 있다.

2024년 한국경제인협회의 조사에서도 자영업자의 72.6%가 매출이 전년 대비 감소했다고 답했다. 감소폭은 평균 12.8%였다. 평균 대출 금액은 1억 2천만 원, 월 이자 부담액은 84.3만 원이었다. 그들은 연평균 8.4%의 금리 부담을 안고 있었다.

이들의 공통점은 무엇일까? 퇴직 후 목돈으로 승부를 걸었다는 것이다. 고정 수입 없이 당장 수익을 내야 한다는 압박감이 올바른 판단을 방해했던 것이다.

성공하는 3단계 포트폴리오 전략

스노우폭스 그룹 김승호 회장은 《돈의 속성》에서 "돈은 버는 것보다 잘 새지 않게 보관하고 잘 늘리는 것이 더 중요하다"고 강조했다. 이를 위해 나는 다음과 같은 수순을 밟으라고 조언하고 싶다.

1단계: 안정 수입 확보(본업 월급)

절대 포기하면 안 되는 기반이다. 김승호 회장의 표현대로 '빨리 부자가 되는 유일한 방법은 빨리 부자가 되지 않으려는 마음을 갖는 것'이다. 조급해하지 말고 천천히 접근해야 한다.

2단계: 저위험 부업 시작(콘텐츠, 강의, 컨설팅)

초기 투자비가 적고, 실패해도 큰 손실이 없는 분야부터 시작해야 한다. 글쓰기, 온라인 강의, 경험 기반 컨설팅이 대표적이다. 이 단계에서는 수익보다 시장 검증에 집중할 필요가 있다.

3단계: 고수익 투자 확장(부동산, 주식, 사업)

부업에 대한 수익이 안정화되면 그 돈으로 부동산이나 주식에 투자한다. 여전히 본업은 유지한 상태에서 점진적으로 확대한다. '부업 수익+본업 월급'이 있으니까 위험 투자도 가능하다.

부부가 모두 위험한 투자에 뛰어들면 안 된다. 한 명은 반드시 안정적인 수입을 유지해야 한다. 이런 전략적 분담이 없으면 어떻게 될까? 실제로 많은 부부가 함께 영끌하여 부동산에 올인했다가 금리 상승과 가격 하락으로 이자도 못 내는 상황이 속출하고 있다.

반면에 한 명이라도 고정 수입을 유지한 가정은 다르다. 부동산 투자가 부진해도 생활비가 나온다. 급하게 매물을 처분할 필요도 없다. 시장이 회복될 때까지 여유 있게 기다릴 수 있다. 이것이 바로 안정적인 수입이 만드는 투자의 마법이다.

투자 타이밍의 진실

대부분 사람들이 투자 타이밍을 착각하거나 거꾸로 이해한다. 퇴직금을 받은 후가 아니라 월급 받을 때가 최적의 투자 타이밍이다. 30대라면 30년의 시간이 있다. 40대라면 20년이 남았다. 하지만 퇴직 후에는 이런 시간적 여유가 없다. 매달 나가는 생활비 때문에 조급해진다. 투자보다는 투기에 가까운 선택을 하게 된다. 결국 실패 확률이 급격히 높아진다.

여기서 오늘 당장 시작할 수 있는 4단계 투자 실행법을 소개한다.

첫째, 현금흐름부터 분석하라. 매달 실제 여유자금이 얼마인지 정확히 파악하라. 이 돈의 30%는 안전한 저축에, 70%는 부업과 투자에 활용하라.

둘째, 부부 간 역할 분담을 명확히 하라. 누가 안정적인 수입을 유지할지, 누가 부업에 도전할지 합의하라. 둘 다 위험한 일에 뛰어들지는 마라.

셋째, 월 50만 원 목표로 부업을 시작하라. 콘텐츠 제작, 온라인 강의, 경험 기반 컨설팅이 좋은 출발점이다. 본업 월급의 10%부터 시작하라.

넷째, 김승호 회장식 정액 투자를 병행하라. 매달 일정 금액을 대형주나 우량 부동산에 투자하라. 가격 변동에 신경 쓰지 말고 꾸준히 매수하라.

기억하라. 고정 수입이 있을 때가 부업과 투자의 황금기다. 이 기회를 놓치면 퇴직 후 막막한 현실과 마주하게 된다. 월급쟁이가 가진 최고의 무기를 버리지 마라. 이 순간이 기회다. '나중에 퇴직하면 시작하지 뭐'라고 생각하는가? 착각이다. 퇴직 후에는 이미 늦다.

* **이 단계에서 할 일**

1. **부업-본업 현금흐름 설계하기**: 매달 본업 수입과 부업 가능 시간을 정확히 계산한다. 부업의 수익 목표를 본업 월급의 10%부터 시작하되, 절대 본업을 포기하는 것은 염두에 두지 않는다.
2. **가족 내 안정 수입 담당자 정하기**: 부부 중 누가 안정적으로 직장을 유지할지 명확히 합의한다. 투자와 부업 도전은 두 사람이 동시에 위험을 감수하는 대신 한 명씩 순차적으로 진행한다.
3. **월 50만 원 부업 시작하기**: 콘텐츠 제작, 온라인 강의, 경험 기반 컨설

팅 중 하나를 선택한다. 3개월간 실행하되 결과보다 시장 학습에 집중한다.

※ 셀프 코칭 질문

1. 내가 지금 하는 부업이 본업을 위협하고 있지는 않나?
2. 만약 부업 수익이 6개월간 0원이어도 버틸 수 있나?
3. 우리 가족의 수입이 한 사람에게만 의존하고 있지는 않나?

PART 5 : 경제적 독립
- 나만의 경제 생태계 구축

"경제적 자립을 완성하라!"

1. 첫 6개월, 이렇게 버텨라

우리나라 평균 퇴직 연령은 49.3세다. 정년퇴직은 겨우 9.6%에 불과하고, 비자발적 조기 퇴직이 41.3%에 달한다. 거의 절반이 준비도 없이 절벽에서 떠밀려 떨어진다.

퇴직 후 첫 6개월, 절반은 살아남고 절반은 망가진다. 나는 지난 20년간 수백 명의 퇴직자를 지켜보며 하나의 잔혹한 진실을 목격했다. 첫 6개월을 현명하게 넘기지 못한 사람들은 영원히 회복하지 못했다. 서울시50플러스재단 연구도 퇴직 후 첫해가 가장 중요한 적응 기간이며, 특히 처음 6개월이 성공과 실패를 가르는 결정적 시기라는 결론을 내린 바 있다.

조급함이 당신을 죽인다

대기업 과장 출신 A씨(52세)의 몰락을 보자. 그는 퇴직금 2억 원을 받고 '이제 자유다!'라며 속으로 환호했다. 월 300만 원이면 여유롭게 살 수 있다고 착각했다. 하지만 현실은 달랐다. 매달 건강보험료로 35만 원이 날라갔고, 각종 세금으로 25만 원이 빠져나갔다. 경조사비로 월평균 20만 원씩이 나갔다. 3개월 만에 통장에서 1,500만 원이 증발했다. 공포가 밀려왔다. 조급해진 그는 지인이 권한 '확실한 주식'에 5,000만 원을 넣었다. 2개월 만에 반토막이 났다. 6개월 후 A씨는 편의점 새벽 알바를 시작했다.

"새벽 3시에 취객들이 와서 라면을 끓여달라고 해요. 대기업을 30년 다닌 제게 말이죠. 처음엔 죽고 싶었어요."

지금도 A씨는 하루 4시간씩 일해서 월 120만 원을 번다.

"조급함이 저를 여기까지 떨어뜨렸어요. 계산 실수가 아니었어요. 마음의 실수였죠."

이처럼 조급함은 독이다. 뇌를 마비시키고, 판단력을 앗아가고, 결국 나락으로 떨어뜨린다.

반면에 B씨(54세)는 달랐다. 퇴직 당일, 가족을 모아놓고 선언했다. "앞으로 6개월은 전쟁이야. 하지만 미리 준비했으니까 이겨낼 수 있어."

그녀는 이미 6개월 생활비 1,500만 원을 별도 통장에 넣어뒀다. 그리고 가족과 약속했다.

"이 돈은 절대 건드리지 않을 거야. 죽어도 안 써."

6개월 동안 그녀는 한 번도 조급해하지 않았다. 대신 생활비를 월 250만 원에서 180만 원으로 줄이는 연습에 집중했다. 외식도 끊고, 쇼핑도 멈췄다. 불필요한 구독 서비스도 모두 해지했다.

"처음엔 답답해 죽는 줄 알았어요. 하지만 6개월 후 좋은 기회가 왔을 때는 마음의 여유가 있었어요. 조급하지 않으니까 제대로 판단할 수 있더라고요."

지금 그녀는 중소기업 인사 컨설턴트로 월 400만 원을 번다. 여유가 승리를 만들어낸 것이다.

가족 앞에서 거짓말하지 마라

공기업을 퇴직한 C씨(56세)는 체면 때문에 가족을 속였다. 3개월 동안 "괜찮다, 곧 해결된다"고만 했다. 매일 아침 정장을 입고 나가서 도서관에 앉아 있었다. 하지만 4개월째, 더 이상 숨길 수가 없었다. 퇴직금이 절반으로 줄어 있었다. 급하게 투자했다가 쪽박을 찬 것이다. 가족에게 털어놓는 순간이 지옥이었다.

"아내가 '왜 지금 말하냐, 왜 혼자 끙끙댔냐'며 울더라고요. 아이들은 갑작스러운 상황 변화에 당황했고요."

신뢰가 무너졌다. 가족도 C씨를 의심의 눈초리로 바라봤다. 또 뭘 숨기고 있는 건 아니냐는 식이었다. 가족 갈등이 경제적 위기보다 더 고통스러웠다. "돈은 다시 벌 수 있어도 신뢰는 되돌릴 수 없더라고요."라고 말하던 그는 지금도 가족과의 관계 회복에 애쓰고 있다.

반대로 D씨(55세)는 퇴직 즉시 가족을 모았다. 그리고 떨리는 목소리로 말했다.

"아빠가 회사를 그만뒀다. 앞으로 6개월은 정말 힘들 것 같다. 함께 이겨내 보자."

눈물이 났다. 하지만 가족이 하나가 되는 순간이었다. "당신 혼자 짊어지지 마요. 우리가 함께 할게요"라며 아내는 파트타임 일을 시작했다. 대학생 아들은 아르바이트를 늘렸다. 온 가족이 생활비를 월 200만 원으로 줄이기로 했다.

"처음엔 모두 힘들어했어요. 하지만 가족이 이렇게 끈끈해질 수 있다는 걸 처음 알았어요."

6개월 후 D씨는 안정된 재취업에 성공했다. 그는 "가족이 없었다면 절대 불가능했을 거예요. 혼자였다면 진작 무너졌을 거예요"라고 말했다. 이처럼 솔직함은 기적을 만들고, 거짓말은 파멸을 부른다.

임원 출신들의 치명적 함정

퇴직자 중 가장 위험한 것은 임원 출신들이다. 대기업 상무 출신 E씨 (58세)의 몰락이 이를 잘 보여준다. 그는 퇴사하면서 퇴직금 5억 원과 고문 계약으로 월 300만 원을 받았다. '2~3년은 여유롭게 쉴 수 있겠다'며 안심했다. 하지만 법인카드에 익숙했던 그는 개인카드 청구서를 보고 경악했다.

"골프장 그린피만 월 80만 원이 나오더라고요. 회식비, 접대비까지 합치면 월 200만 원이었어요."

하지만 멈추지 못했다. 과시형 소비가 습관이 됐기 때문이다. 해외여행도 다녔다. 골프도 계속 쳤다. "임원 체면을 유지해야 한다"는 핑계였다. 1년 만에 2억 원이 날아갔다. 2년 차에는 고문 계약마저 끝났다. 수입은 없어졌는데 지출은 여전했다.

"수입이 없으니 지출이 2배로 늘더라고요. 시간이 많아지니까 더 많이 쓰는 거죠."

3년 후 E씨는 모든 걸 잃었다.

"고문 계약이 독이었어요. 성배인 줄 알았는데, 독이었죠. 2~3년 동안 아무것도 안 하고 놀다가 완전히 바보가 됐어요."

지금 그는 지인 소개로 중소기업 고문을 하며 월 200만 원을 받는다.

"과거의 영광에 취해서 현실을 못 봤어요. 임원들이 가장 위험해요."

현실을 배워야 한다

퇴직 후 첫 6개월 동안 가장 중요한 것은 현실 학습이다. 버스를 타보고 지하철을 타보라. 시장에 가서 물가를 알아보라. 직장 안 다니는 사람들이 어디서 뭘 하는지 관찰하라. 세상에는 다양한 방법으로 먹고사는 사람들이 존재한다. 스타벅스에서 노트북 펴놓고 폼 잡지 말고 공공도서관 이용법을 익혀라. 복지관, 문화센터 같은 무료 시설

들을 활용하라. 무엇보다 법인카드에서 개인카드로 바뀌는 충격을 미리 준비하라. 모든 지출이 내 돈이라는 사실을 몸으로 체험하라.

첫 6개월을 살아남는 비밀은 하나다. 미리 준비하는 것이다. 퇴직하고 나서 허둥대면 이미 게임은 끝났다. 퇴직금의 30%는 금고에 가둬라. 6개월 생활비를 별도로 확보하라. 이 돈은 투자나 사업에 절대 손대지 마라. 이것은 당신의 생명줄이다.

사치를 죽여라. 하지만 '나를 위한 돈'은 반드시 남겨둬라. 월 10만 원이라도 온전히 나를 위해 쓰는 돈이 있어야 한다. 자존감이 무너지면 모든 것이 끝난다. 수입원을 찾되 조급하게 뛰어들지 마라. 검증하고 또 검증하라. 작은 것부터 시작하라. 급하게 먹는 밥이 체한다. 무엇보다 장기전을 각오하라. 6개월 안에 모든 게 해결되리라는 환상을 버려라. 2년까지 버틸 수 있는 전략을 세워라. 여유 있는 자만이 승리한다. 조급한 자에게는 함정만 기다린다.

퇴직 후 첫 6개월이 당신의 남은 인생을 결정한다. 이 시기를 현명하게 넘기면 제2막의 전성기가 시작된다. 조급함에 휩싸이면 A씨나 E씨처럼 나락으로 떨어진다. 당신이 자신을 고용한 CEO가 되려면, 이 전쟁에서 반드시 이겨야 한다.

* 이 단계에서 할 일

1. 6개월 생존 자금 즉시 격리하기: 퇴직금이나 예적금에서 6개월 생활비를 별도 계좌로 이체한다. 이 돈은 절대 투자나 사업에 사용하지 말고,

오직 생활비로만 사용한다.

2. 현실 체험 3개월 프로젝트: 버스·지하철 이용하기, 시장에서 장보기, 공공시설 이용법 익히기 등을 익혀 법인카드 없는 현실을 미리 체험한다.

3. 가족 비상계획 세우기: 배우자, 자녀와 퇴직 후 6개월 계획을 구체적으로 논의한다. 각자 할 수 있는 역할을 정한다. 위기 상황에서는 가족의 협조가 가장 중요하다.

* 셀프 코칭 질문

1. 나는 퇴직 후 6개월을 견딜 수 있는 현금이 확보되어 있는가?
2. 나는 법인카드 없는 현실에 준비되어 있는가?
3. 나는 과시형 소비의 유혹을 이겨낼 수 있는가?

2. 언제 퇴사할 것인가?

현실은 냉혹하다. 미래에셋투자와연금센터 조사에 따르면, 우리나라 평균 퇴직 연령은 49.3세지만, 정년퇴직은 겨우 9.6%에 불과하다. 대부분이 비자발적으로 밀려난다. 더 충격적인 사실은 퇴직자의 75.8%가 비자발적으로 퇴직했고, 41.2%는 재취업 준비를 전혀 하지 못했다는 것이다. 갑작스런 퇴직을 맞은 비율도 65.9%에 달했다.

그렇다면 언제 나가야 할까? 답은 간단하다. 40대부터 준비해 50세에는 경쟁력을 갖추고 있어야 한다. 준비가 되었다면 50세에 나가고, 준비가 안 되었다면 버틸 수 있을 때까지 버텨야 한다. 하지만 그것도 내 뜻대로 되지 않는다는 게 문제다.

준비 없는 퇴사의 참혹한 결과

대기업 부장을 지낸 A씨(52세)의 실수를 보자. 그는 신임 임원과 갈등이 생기자 홧김에 사표를 던졌다. 준비 없는 퇴사의 결과는 참혹했다. 50대 재취업률은 겨우 10%에 불과하다. 6개월간 구직을 했지만 아무도 받아주지 않았다. 결국 지금은 대리운전을 한다.

"밤 11시부터 새벽 5시까지 운전해서 하루 15만 원 벌어요. 이게 대기업을 30년 다닌 사람이 할 일인가 싶지만, 먹고살아야 하니까요."

이는 A씨만의 일이 아니다. 준비 없이 50대 초반에 나온 사람들의 현실이다. 대리운전, 쿠팡 알바, 노가다, 최저임금 받는 일용직. 이것이 준비하지 못한 50대의 현실이다. 재취업에 성공한다 해도 연봉은 이전 직장의 62.7%에 불과하다. 그마저도 평균 근속 기간이 1.8년이다. 3년 내에 또 퇴직을 할 확률이 높다는 뜻이다.

40대부터 준비해야 하는 이유

반면 40대부터 차근차근 준비한 사람은 다르다. IT 회사 부장을 지낸 B씨(48세)를 보자. 그는 3년 전부터 준비했다.

"40대 중반부터 '언젠가는 나가야 한다'고 생각했어요. 50세에 나가서 70세까지 20년을 어떻게 살 것인가 고민했죠."

B씨는 퇴사 3년 전부터 부업으로 온라인 강의를 시작했다. 6개월 후 월 50만 원, 1년 후 월 150만 원의 수익이 생겼다. 50세에 퇴직할 때는 월 400만 원까지 올랐다.

"50세에 나간 이유가 있어요. 전문성을 활용할 수 있는 시간이 15~20년 남아 있거든요. 60세에 나가면 10년밖에 못 써먹어요. 하지만 50세에 나가면 70세까지 충분히 활용할 수 있죠."

지금 B씨의 온라인 강의 수익은 월 600만 원을 넘어섰다. 그는 "준비된 퇴사와 준비 없는 퇴사는 완전히 다른 인생이에요"라고 말한다.

하프 타임이 인생을 결정한다

50세는 인생의 하프 타임이다. 준비된 사람에게는 후반전 전략을 수립하는 소중한 시간이다. 하지만 준비 안 된 사람에게는 방황과 불안, 불면의 시간이 된다.

내 경험을 들려주겠다. 나는 40대부터 준비했다. 박사 학위를 땄고, 32권의 책을 썼고, 코치 자격증도 취득했다. 60세 정년을 6개월 앞두고 미리 퇴직했다. '이제는 혼자 벌어먹고 살 수 있겠다'는 자신감이 있었기 때문이다. 6개월간 아내와 충전의 시간을 가졌고, 2025년부터 본격적으로 코칭과 컨설팅 사업을 시작했다. 지금 잘 지내고 있다.

반면에 준비하지 못한 동기들은 어떨까? 60세까지 버티려 했지만 대부분 55세 전에 밀려났다. 60세 정년까지 간 사람은 10% 미만이다. 결국 준비 없이 나와서 지금은 생계형 알바를 전전하고 있다.

퇴직 시 3가지만 확인하라. 복잡한 체크리스트도 필요 없다. 딱 3가지만 확인하면 된다.

첫째, 3년 생존 자금이 있는가? 50대 재취업은 거의 불가능하다고 봐야 한다. 최소 3년은 버틸 수 있는 자금이 필요하다.

둘째, 부업 수익이 월 300만 원 이상인가? 재취업에 의존하지 않고, 독립할 수 있는 기반이 있어야 한다. 월 300만 원 정도는 되어야 가족 생계가 가능하다.

셋째, 70세까지 써먹을 전문성이 있는가? 단순한 경력이 아니라 나이가 들어도 통용되는 진짜 전문성이 필요하다.

이 3가지가 완벽하게 갖춰졌을 때, 당신이 여전히 시장에서 매력적일 때 움직이면 된다.

당신의 타이밍은 언제인가

퇴사는 도망이 아니라 진격이다. 밀려나는 것이 아니라 나아가는 것이다. 당신이 자신을 고용한 CEO가 되는 순간이다. 하지만 타이밍이 모든 것을 결정한다. 준비되었다면 50세에 나가라. 15~20년의 전문성 활용 기간이 남아 있다. 준비가 안 되었다면 버텨라. 하지만 60세까지 버틸 수 있다고 착각하지 마라. 대부분 55세 전에 밀려난다.

그렇다면 답은 하나다. 40대부터 무조건 준비하라. 기술이든 경험이든 자격이든 50세 전까지 준비해야 한다. 하프 타임에는 전반전에 준비한 경험과 기술을 가지고 후반전을 어떻게 살 것인지 전략을 짜는 시간이어야 한다. 준비가 안 되어 있으면 하프 타임은 방황과 일탈, 불안과 불면의 시간이 된다. 당신이 원하는 타이밍에, 당신이 원하는 방식으로 나가라. 그때가 바로 진짜 자유가 시작되는 순간이다.

* **이 단계에서 할 일**

1. 40대에 준비 점검하기: 지금부터 50세까지 남은 시간을 계산하고, 어떤 전문성을 개발할지 구체적 계획을 세운다. 박사 학위, 자격증, 저작 활동 등 70세까지 써먹을 무기를 만든다.
2. 3가지 핵심 조건 달성하기: 3년 생존 자금, 부업 수익 월 300만 원, 70세까지 통용될 전문성을 단계적으로 준비한다. 재취업은 거의 불가능하다고 가정하고 독립 기반을 구축한다.
3. 50세에 퇴사 시뮬레이션하기: 50세에 퇴사한다고 가정하고 70세까지의 인생 전략을 구체적으로 설계한다. 전문성을 어떻게 수익화할지, 어떤 사업을 할지 명확히 한다.

* **셀프 코칭 질문**

1. 나는 지금 40대의 준비 시간을 제대로 활용하고 있는가? 50세까지 남은 시간 동안 어떤 전문성을 개발할 구체적 계획이 있는가?
2. 재취업에 의존하지 않고 독립할 수 있는 기반을 구축하고 있는가? 부업 수익이 안정적으로 나오고 있는가?
3. 내가 개발하고 있는 전문성이 70세까지 통용될 수 있는가? 나이가 들어도 경쟁력을 유지할 수 있는 진짜 무기인가?

3. AI는 1인 CEO의 최강 무기다

2024년, 나는 20년간 수백 명의 1인 사업가를 지켜보며 하나의 혁명을 목격했다. AI가 게임의 룰을 완전히 바꿔놓은 것이다. 과거 대기업만이 독점했던 자원과 능력을 이제 당신도 가질 수 있게 되었다. 이것은 희망사항이 아니라 지금 일어나고 있는 현실이다.

왜 이런 확신을 갖게 되었을까? 근거는 명확하다. 전 세계 고용 구조가 급격히 무너지고 있다. 업워크Upwork의 2024년 보고서가 폭로한 진실을 보자. 미국은 노동력의 36.2%인 5,900만 명이 이미 프리랜서로 일하고 있다. 이는 2014년 5,300만 명에서 11% 증가한 수치다. 더 놀라운 것은 2027년이면 이 비율이 50.9%에 달할 것이라는 전망이다. 직장인의 절반이 1인 CEO로 전환한다는 뜻이다.

한국도 예외가 아니다. 중소벤처기업부의 2023년 1인 창조기업 실태조사에 따르면, 국내의 1인 창조기업은 67만 개로 전년 대비 2.1% 증가했다. 특히 50대가 30.8%로 가장 높은 비중을 차지했다. 중년 직장인들이 대거 탈출하고 있다는 의미다.

가장 충격적인 것은 비용 혁신이다. 과거에 월 300만 원을 들여 고용해야 했던 비서 업무를 월 2만 원의 AI 구독료로 해결할 수 있게 되었다. 150분의 1 비용으로 같은 결과를 얻을 수 있다는 뜻이다. 이것이야말로 혁명이 아니고 무엇이란 말인가?

나 자신이 바로 이 혁명의 산증인이다. AI 도입 이후 나는 완전히 다른 사람이 되었다. AI 도입 이전 나의 일상은 한계투성이었다. 워크숍 프로그램 하나 기획하는 데 일주일이 걸렸다. 기업 대상 교육 제안서 작성에 3일, 자료 수집과 정리에 하루 종일이 소요되었다. 책 쓰기나 논문 작성은 엄두도 내지 못했다. 교정과 교열까지 고려하면 혼자서는 도저히 감당할 수 없는 업무량이었다. 유튜브 영상 제작은 꿈도 꾸지 못했다. 영상 편집 전문가를 고용해야 하는데, 그 비용이 만만치 않았기 때문이다. 큰 프로젝트는 꿈도 꾸지 못했다. 1인 기업가의 한계를 뼈저리게 느꼈다.

하지만 ChatGPT와 Claude 유료 고급 버전, 그리고 비디오 스튜라 같은 AI 도구들을 만난 후 나의 세계는 완전히 바뀌었다. 워크숍 프로그램 기획이 반나절이면 끝난다. 기업 교육 제안서는 몇 시간 안에 완성된다. 책 쓰기와 논문 작성에 필요한 자료 수집은 실시간으로 이뤄지고, 교정과 교열까지 동시에 처리된다. 강의안 제작은 이제 일상이 되었다. 심지어 유튜브 쇼츠 영상까지 혼자서 제작해 올리고 있다. 과거에는 상상도 할 수 없었던 일이다.

마치 박사급 연구원 2명과 전문 영상 편집자 1명이 24시간 나를 위해 일하는 것 같다. 결과는 기적 그 자체다. 천군만마를 얻은 기분이다. 예전에는 혼자서 할 수 있는 시간과 업무가 한정되어 큰 프로젝트는 엄두도 낼 수 없었다. 하지만 지금은 다르다. 옛날 1인 기업가들이 하기 어려웠던 대형 프로젝트도 얼마든지 도전할 수 있다. AI가 내 능력의 한계를 무한대로 확장시켜 준 것이다.

그런데 여기서 중요한 것이 하나 있다. 나는 올해 만 60세다. 젊은 세대도 아니고, 디지털 네이티브 세대는 더더욱 아니다. 그런 나도 이 모든 것을 자유자재로 다루고 있다. 나보다 젊은 당신이 못할 이유가 어디 있는가? 나이는 핑계일 뿐이다. 의지와 열정만 있다면 누구든 AI와 함께 새로운 인생을 시작할 수 있다.

내가 직접 체험한 바와 같이, AI는 당신에게 다음과 같은 무기를 제공한다.

먼저, 업무 자동화다. ChatGPT, Claude, Gemini가 24시간 대기하며 과거 비서가 담당했던 업무를 대신한다. 이메일 작성, 일정 관리, 간단한 리서치까지 모든 것이 가능하다. 당신이 자는 동안에도 일한다.

시각 자료 제작 역량이 획기적으로 향상된다. Canva AI와 Gamma를 활용하면 전문 디자이너 수준의 PPT와 인포그래픽을 분 단위로 제작할 수 있다. 과거 건당 50만 원을 지불했던 작업이 이제 무료나 다름없다.

정보 수집과 분석 능력도 압도적이다. 복잡한 시장 분석이나 경쟁사 조사를 실시간으로 수행할 수 있다. 과거 외부 업체에 의존했던 업무를 내부에서 즉시 해결할 수 있다.

콘텐츠 제작 속도도 비약적으로 빨라진다. 제안서, 보고서, 마케팅 자료의 초안을 AI가 작성하면, 당신은 이를 검토하고 다듬으면 된다. 창조자가 아니라 편집자가 되는 것이다.

이제 1인 CEO와 대기업의 경쟁 구도가 완전히 바뀌었다. 과거 대기업이 인력, 자본, 인프라에서 압도적 우위를 점했다면, 이제는 오히려 그것이 족쇄가 되고 있다. 대기업은 여전히 복잡한 의사결정 구조에 갇혀 있다. 간단한 프로젝트도 여러 부서의 협의를 거쳐야 하고, 승인 과정만도 몇 주가 걸린다. 반면에 당신은 AI를 활용해 대기업 수준의 업무 품질을 개인 수준의 속도로 달성할 수 있다. 코끼리와 치타의 대결에서 치타가 이기는 것이다.

그렇다면 이러한 변화는 일시적 현상일까? 절대 그렇지 않다. 미국 긱 워커[1]의 76%가 자신의 선택에 매우 만족한다고 답했다. 그리고 82%는 독립적으로 일하는 것이 더 행복하다고 했다. 이는 업워크의 2024년 조사 결과다. 단순히 어쩔 수 없이 선택한 것이 아니라, 적극적으로 원하는 방향이라는 뜻이다.

한국의 상황도 유사하다. 한국상공회의소의 2022년 디지털 긱 이코노미 보고서에 따르면, 국내 긱 워커의 68%가 '자유로운 근무 환경'을 가장 큰 장점으로 꼽았고, 56%는 '시간 활용의 자율성'을 중요하게 생각했다.

이런 변화의 배경에는 AI 도구의 폭발적 발전이 있다. 과거 대기업에서만 가능했던 업무들이 이제 개인도 충분히 수행할 수 있게 되었기 때문이다. 기술 발전이 개인의 역량을 기하급수적으로 증폭시킨

---

1 비정규직 프리랜서의 일종으로 디지털 플랫폼을 통해 단발성 업무를 찾아 수행하는 근로자

것이다. 그 결과, 거인의 어깨 위에 선 당신은 이제 거인보다 더 멀리 볼 수 있게 되었다.

하지만 AI를 가진다고 해서 모든 1인 CEO가 성공하는 것은 아니다. 성공하는 이들에게는 공통된 비밀이 있다.

첫째, AI는 도구이지 전략이 아니라는 것을 안다. 성공한 1인 CEO들은 AI에게 단순 반복 업무를 맡기고, 자신은 창조적이고 전략적인 업무에 집중한다. AI가 자료를 정리하는 동안 고객과의 관계를 더욱 깊이 있게 구축하고, 사업의 방향성을 고민한다.

둘째, 품질 관리를 절대 소홀히 하지 않는다. AI가 생성한 결과물을 그대로 사용하지 않고 반드시 검토하고 개선한다. 고객에게 전달되는 모든 것에 대해 최종 책임을 지는 것이 CEO의 역할이다.

셋째, 지속적으로 학습한다. AI 기술은 빠르게 발전하고 있다. 새로운 도구와 기능을 꾸준히 익혀 자신의 업무에 적용하는 능력이 경쟁력을 좌우한다. 멈추는 순간 도태된다.

이처럼 AI는 당신에게 역사상 가장 강력한 무기를 제공하고 있다. 당신은 이러한 변화의 최적기에 서 있다. 충분한 경험과 노하우를 쌓았고, 새로운 기술을 배울 수 있는 유연성을 갖고 있다. 만 60세인 내가 할 수 있다면, 당신은 더욱 쉽게 할 수 있다. 지금이 바로 시작할 때다. 기억하라. 산업혁명이 대기업의 시대를 열었다면, AI 혁명은 1인 CEO의 시대를 열 것이다. 역사의 분기점에서 올바른 선택을 하는 자만이 미래의 승자가 될 수 있다.

* 이 단계에서 할 일

1. **AI 도구 직접 체험하기**: ChatGPT나 Claude 중 하나를 선택해 일주일간 실제 업무에 활용해 본다. 기존 방식과 비교하여 시간 단축 효과를 구체적으로 측정한다.
2. **업무 자동화 후보 찾기**: 현재 수행하는 업무를 분석해 AI로 대체 가능한 부분을 찾는다. 각 업무에 소요되는 시간과 비용을 계산하고, AI 도입 시 절약 효과를 산출한다.
3. **경쟁 우위 요소 강화하기**: AI가 대신하는 업무로 절약된 시간을 어떻게 활용할지 계획을 세운다. 고객 관계 구축, 전략 수립, 새로운 사업 기회 발굴 등 인간만이 할 수 있는 영역에 집중한다.

* 셀프 코칭 질문

1. 현재 내가 수행하는 업무 중 AI로 자동화할 수 있는 것은 무엇인가? 구체적인 도구와 방법까지 조사했는가? 단순히 '가능할 것 같다'는 추측이 아니라 실제로 테스트해봤는가?
2. AI 도구 도입에 따른 비용 절감 효과를 구체적으로 계산해봤는가? 시간과 돈, 두 가지 측면에서 모두 분석했는가? 월별, 연별 절약 효과까지 산출했는가?
3. AI를 활용하는 다른 경쟁자들과 차별화할 수 있는 나만의 고유 가치는 무엇인가? 이를 더욱 강화하기 위한 구체적인 계획이 있는가? AI는 도구일 뿐, 진짜 경쟁력은 무엇인가?

4. 50대는 다른 게임을 해야 한다

"젊은 놈들 따라하지 마. 우리는 다른 게임을 해야 해."

내가 코칭한 한 중견기업 부장은 5년 전 퇴직한 선배의 이 말을 '늙은이의 투정'이라고 생각했다고 한다. 하지만 지금, 구조조정 명단에 자신의 이름이 올라올 수도 있다는 현실 앞에서 그 말의 참된 의미를 깨달았다고 한다.

25살 김 대리가 유튜브로 월 2천만 원을 벌고 있다. 구독자 50만 명, 조회수 월 500만 회. 언론에서는 '젊은 창업가의 신화'라고 띄우고 있다. 많은 50대들은 부러워하면서도 절망한다. 나도 저렇게 해야 하나? 50대에 유튜버가 되어야 하나? 하지만 어떻게?

그런데 김 대리가 다니는 회사의 52살 김 부장은 조용히 다른 길을 걷고 있다. 주말마다 중소기업 사장들에게 생산관리 컨설팅을 한다. 월 500만 원. 언론에 나오지도 않는다. 화려하지도 않다.

3년 후, 누가 진짜 승자가 되었을까? 김 대리는 알고리즘 변경으로 수익이 90% 감소했다. 김 부장은 이제 월 800만 원을 번다. 입소문으로 고객이 늘어났기 때문이다.

중소벤처기업부와 창업진흥원의 데이터가 이 결과를 예고하고 있다. 20대 창업 생존율은 5년 후 16.2%에 불과하다. 반면 50대 창업 생존율은 30.6%에 달한다. 거의 2배 차이다. 왜 이런 일이 벌어질까? 둘이 완전히 다른 게임을 하고 있기 때문이다.

대기업에서 30년 일한 P씨(54세)는 퇴직 후의 감정을 이렇게 솔직하게 털어놓았다.

"정말 무서웠어요. 퇴직금 다 날리면 어쩌나, 나이 들어서 뭘 새로 배우나 싶었죠."

절망적이었다. 그도 처음엔 젊은이들을 따라했다. SNS도 시작하고, 최신 트렌드도 쫓아갔다. 하지만 결과는 참담했다. 6개월간 매달렸지만 팔로워가 200명을 넘지 못했다.

"이때 정말 '나는 끝났구나' 싶었어요. 젊은 애들 세상에서 나 같은 늙은이가 설 자리는 없다고 생각했죠."

바로 그때였다. 동네 중소기업 사장이 인사 문제로 고민을 털어놓았다. 차 한 잔 마시면서 나눈 대화가 P씨의 인생을 바꿨다.

"그냥 평소 경험담을 들려줬는데, 그 사장님이 '형님 말씀이 HR 컨설턴트보다 훨씬 와 닿는다'고 하더라고요."

번개 같은 깨달음이었다.

'아, 내가 30년간 해온 게 헛된 게 아니구나. 젊은 친구들이 책으로만 배운 걸 나는 몸으로 했구나.'

P씨의 시작은 거창하지 않았다. 그 사장 한 명부터였다. 월 30만 원. 그 사장이 지인을 소개해 1년 후에는 5명의 고객이 생겼다. 지금

은 12명의 고정 고객을 두고 월 350만 원 정도를 번다. 이처럼 '실제로 해본 사람'을 젊은 컨설턴트가 이길 수는 없다. 이것이야말로 50대만이 가진 독점권인 것이다.

은행에서 25년 일한 Q씨(53세)의 여정도 험난했다. 개인 금융 컨설팅을 시작했지만 처음 6개월은 고객이 3명뿐이었다.

"포기하고 싶었어요. 월 90만 원으로는 생활이 안 되니까요. 하지만 아내가 '천천히 해보라'고 격려해줬어요."

전환점은 1년 후에 왔다. 한 고객이 지인 5명을 동시에 소개해주었다. 그때부터 조금씩 늘어 지금 그는 35명의 고정 고객을 보유하고 있다. 월 280만 원 정도의 안정적인 수입이다.

"나이가 많으니까 오히려 신뢰해요. '이 아저씨는 돈벌이보다 정말 내 상황을 생각해주는구나' 하면서요."

제조업에서 30년 일한 S씨(58세)는 더 큰 시련을 겪었다.

"현장 컨설팅을 시작했는데, 처음 1년은 정말 지옥이었어요. 고객이 2곳뿐이었거든요. 젊은 컨설턴트들은 화려한 PPT로 무장하는데, 저는 그런 거 못하니까 초라해 보였나 봐요."

월 수입은 100만 원도 안 됐다. 포기하고 싶었지만 포기하지 않았다.

"현장에 가서 기계 소리만 들어도 뭐가 문제인지 아는 게 제 강점이었거든요. 이론보다 경험이 승부라고 믿었어요."

2년 차부터 입소문이 나기 시작했다. 지금은 4개 공장의 컨설턴트로 일하며 월 250만 원 정도를 번다. 그는 "많지는 않지만 제가 정말 필요한 사람이라는 걸 매일 느껴요"라며 흐뭇한 미소를 짓는다.

이들의 공통점이 보이는가? 모두 작게 시작했다는 것이다. 거창한 꿈보다는 현실적인 목표, 월 500만 원보다는 월 200만 원부터, 50명 고객보다는 10명 고객부터.

그러니 젊은이들을 부러워하지 마라. 그들의 게임을 따라하지도 마라. 당신에게는 그들이 절대 가질 수 없는 무기가 있다. 신뢰. 깊이. 관계. 경험 등이 그것이다. 물론 처음 1~2년은 정말 힘들 것이다. 월 100만 원도 벌기 어려울 수 있다. 포기하고 싶은 순간도 올 것이다. 하지만 기억하라. 젊은이들도 90%가 실패한다는 것을. 당신은 다르다는 것을.

젊은이들이 유행을 쫓을 때, 당신은 전문성을 쌓아라. 그들이 넓게 펼칠 때, 당신은 깊게 파라. 그들이 숫자를 추구할 때, 당신은 관계를 만들어라. 무엇보다 작게 시작하라. 월 50만 원부터. 고객 3명부터. 두려워하지 마라. 천천히 해도 된다. 당신에게는 시간이 있다. 경험이 있다. 신뢰가 있다.

＊ 이 단계에서 할 일

1. 작은 목표 설정하기: 월 500만 원이 아닌 월 100만 원부터 시작하자. 고객 20명이 아닌 고객 3명부터 목표로 하자. 큰 것을 바라다가 아무것도 시작하지 않는 것보다 작게라도 시작하는 것이 중요하다.

2. 실패 대비책 마련하기: 퇴직금의 10%만 투자하자. 6개월간 수입이 없어도 견딜 수 있는 계획을 세우자. 실패해도 재기할 수 있는 안전망을

만들자.

3. 첫 고객 1명 찾기: 당신의 경험을 필요로 하는 사람 딱 1명만 찾자. 주변 지인부터 시작하자. 용돈 수준이라도 상관없다. 시작이 중요하다.

* 셀프 코칭 질문

1. 나는 지금 너무 큰 것을 바라고 있지는 않은가? 월 500만 원을 꿈꾸기 전에 월 50만 원부터 시작할 수 있는가? 작은 성공부터 쌓아가고 있는가?

2. 실패에 대한 두려움이 시작을 막고 있지는 않는가? 실패해도 견딜 수 있는 최소한의 안전망은 있는가? 모든 것을 걸지 말고 작게 시험해볼 수 있는가?

3. 나를 정말 필요로 하는 첫 번째 고객이 누구인가? 거창한 사업 계획보다 내 주변에서 내 경험을 필요로 하는 사람 1명을 찾을 수 있는가?

5. 자신의 선택과 허락을 구하라

　더 이상 누군가의 허락이나 조언을 기다리지 마라. 당신이 자신을 고용한 CEO가 되는 순간, 모든 결정은 당신의 몫이다. 지금까지 당신은 상사의 지시를 따르고, 선배에게 조언을 구하며, 멘토의 가르침에 의존해 왔다. 하지만 그 달콤한 의존이 당신을 망가뜨리고 있다는 사실을 깨달아야 한다.

　대기업 임원을 지낸 P씨(53세)는 퇴직 후 컨설팅 회사를 차렸다. 하지만 6개월째 고전하고 있었다.

　"모든 결정을 전 회사 선배에게 물어봤어요. 사업 방향부터 가격 책정까지. 그러던 어느 날 깨달았죠. 내가 아직도 그의 부하 직원이구나."

　왜 이런 일이 벌어질까? 멘토링은 본질적으로 수직적인 구조다. 멘티는 조언을 구하는 위치에, 멘토는 조언을 주는 위치에 선다. 이런 관계가 지속되면 스스로 판단하고 결정하는 능력을 잃게 된다. 목발에 의존해 걷다가 목발 없이는 걸을 수 없는 것처럼.

　P씨의 각성은 극적이었다.

　"선배가 아무리 경험이 많아도 내 고객을 모르고, 내 상황을 모르고,

내 비전을 모른다는 걸 깨달았어요. 결국 결정은 내가 해야 하는 거더라구요."

그날부터 그는 모든 결정을 스스로 내렸다. 실패도 많았지만 배움은 더 컸다. 6개월 후 그의 컨설팅 회사는 흑자로 돌아섰다.

"실패가 두려워서 남에게 의존했는데, 정작 남이 준 조언대로 해도 실패하더라고요. 그럼 차라리 내 실패를 하는 게 낫죠."

진짜 깨달음이었다.

스타트업을 성공시킨 Q씨(48세)의 고백은 더 적나라하다.

"처음엔 멘토를 찾아다녔어요. 성공한 선배 CEO들한테 이것저것 물어보고. 그런데 다들 다른 얘기를 하는 거예요. 어떤 분은 '무조건 마케팅이다', 어떤 분은 '제품에만 집중하라', 또 어떤 분은 '인재가 전부다'라고 하고."

혼란스러웠던 그는 결국 자신만의 길을 찾을 수밖에 없었다.

"그때 깨달았어요. 정답은 없다는 걸. 내 상황에서 내가 최선이라고 생각하는 길을 가는 수밖에 없다는 걸."

지금 그의 회사는 연매출 50억을 넘나든다.

"CEO가 되려면 외로움을 감당해야 해요. 아무도 답을 주지 않거든요. 모든 답을 스스로 찾아야 하죠."

CEO 마인드의 핵심이 여기에 있다. 모든 상황에서 최종 책임을 지고 독립적으로 판단하는 능력 말이다.

온라인 쇼핑몰을 운영하는 R씨(51세)는 이를 뼈저리게 배웠다.

"어떤 제품이 갑자기 대박이 났는데, 재고를 더 들여놓을지 말지 고민이 됐어요. 그래서 여기저기 물어봤죠. 그 사이에 경쟁업체들이 다 들어오더라고요."

절망적이었다. 기회는 순식간에 사라졌고, 후회만 남았다.

R씨는 그 실패 이후 완전히 바뀌었다.

"이제는 80% 확신이 서면 바로 실행해요. 100% 확신이 설 때까지 기다리면 기회는 다 사라져요."

시장은 기다려주지 않는다. 경쟁자들은 쉬지 않고 달려온다. 이런 상황에서 누군가의 조언을 기다리며 결정을 미루는 것은 곧 패배를 의미한다. 1인 기업가에게 독립적 판단력은 선택이 아닌 필수다. 고객이 예상치 못한 요구를 해올 때, 경쟁자가 갑자기 등장했을 때, 시장 상황이 급변했을 때, 그 순간마다 멘토를 찾아 조언을 구할 시간이 없다.

번역 사업을 하는 S씨(49세)는 멘토의 진짜 역할을 정확히 알고 있다.

"가끔 믿을 만한 사람들과 이야기를 나눠요. 하지만 '어떻게 해야 할까요?'라고 묻지 않아요. '저는 이렇게 생각하는데, 어떻게 보세요?'라고 물어봐요."

차이가 보이는가? 전자는 답을 구한 것이고, 후자는 검증을 받은 것이다. S씨는 이미 자신만의 판단을 내리고, 다른 사람의 시각으로 한 번 더 점검할 뿐이다.

"결국 사업은 내가 하는 거잖아요. 남이 아무리 좋은 조언을 해줘도, 실행하다 보면 내 상황과 안 맞는 경우가 대부분이에요. 그럼 결국 내가 수정하고 보완해야 하거든요."

 이는 멘토가 필요 없다는 뜻이 아니다. 멘토의 역할은 조언자가 아니라 거울이어야 한다. 당신의 생각을 반사시켜 다른 관점에서 바라볼 수 있게 도와주는 역할 말이다. 결정은 여전히 당신 몫이다. 그러니 더 이상 누군가의 조언을 기다리지 마라. 더 이상 멘토에게 의존하지 마라. 당신 안에 모든 답이 있다. 필요한 것은 그 답을 끄집어낼 독립적 판단력뿐이다.

 그러니 30분이라도 혼자 고민해 보는 시간을 가져라. 작은 결정부터 스스로 내리는 연습을 시작하라. 실패를 두려워하지 마라. 작은 실패들이 쌓여야 큰 성공을 위한 판단력이 생긴다. 경험과 지혜를 갖춘 중년이야말로 독립적 판단력을 기르기에 최적의 조건을 갖췄다. 더 이상 누군가의 허락을 구하며 살 필요가 없다.

* 이 단계에서 할 일

1. **독립 사고 훈련**: 문제가 생겼을 때 누군가에게 조언을 구하는 대신, 반드시 30분간 혼자 생각하는 시간을 가진다. 완벽한 답을 찾으려 하지 말고 사고하는 과정 자체에 집중한다.
2. **독립적 결정 연습**: 점심 메뉴부터 시작해서 업무 방식, 투자 결정까지 일주일에 하나씩 다른 사람의 조언 없이 스스로 결정을 내려본다. 결과보다 과정에 집중한다.
3. **질문 방식 바꾸기**: 조언을 구할 때 "어떻게 해야 할까요?"가 아닌 "저는

이렇게 생각하는데 어떻게 보시나요?"로 질문 방식을 바꾼다.

✽ 셀프 코칭 질문

1. 최근 내가 중요한 결정을 미룬 이유는 무엇인가? 정보 부족 때문인가, 아니면 누군가의 승인을 기다리고 있었기 때문인가?

2. 내가 가장 자주 조언을 구하는 사람은 누구인가? 그 사람에게 의존하고 있는 것은 아닌가?

3. 만약 아무에게도 조언을 구할 수 없는 상황이라면, 나는 어떤 기준으로 결정을 내릴 것인가?

6. 나만의 명작을 만들어라

당신은 지금까지 남의 꿈을 살았다. 회사의 꿈, 상사의 꿈, 가족의 기대. 하지만 이제는 다르다. 당신이 자신을 고용한 CEO가 되는 순간, 당신만의 명작을 만들 시간이다. 여기서 말하는 명작이란 바로 당신이 만들어낼 독보적인 사업을 뜻한다. 남들이 흉내낼 수 없는, 오직 당신만이 할 수 있는 그 일 말이다.

모든 명작에는 공통점이 있다. 라면 하나로 연매출 100억 원을 만든 농심 신라면, 택시 앱 하나로 세상을 바꾼 우버, 검색 하나로 세계를 정복한 구글. 이들의 공통점은 무엇일까? 바로 '단순함 속의 깊이'다. 복잡해 보이지만 본질은 하나다. 사람들이 진짜 원하는 것을 정확히 파악하고, 그것을 가장 간단한 방법으로 제공한 것이다.

퇴직자 J씨(54세)의 이야기가 이를 증명한다. 30년간 제조업체에서 일한 그는 퇴직 후 고민에 빠졌다.

"뭘 해야 할지 모르겠더라고요. 그런데 문득 생각해보니 30년간 쌓은 품질관리 노하우가 있었어요."

그가 시작한 일은 단순했다. 중소 제조업체들의 품질관리 컨설팅이었다.

"대기업은 시스템이 있지만, 중소기업은 사람에 의존하거든요. 제가 그 사람 역할을 해주는 거죠."

지금 그는 15개 업체와 계약을 맺고 월 500만 원을 번다.

"복잡하게 생각할 필요가 없었어요. 내가 30년간 해온 일을 남들에게 알려주는 것이니까요."

모든 명작에는 독점권이 있다. 코카콜라의 비법 레시피, 애플의 디자인 철학, 삼성의 반도체 기술. 이들은 모두 남들이 쉽게 따라할 수 없는 고유한 무언가를 가지고 있다. 당신의 독점권은 무엇인가? 30년간 쌓인 경험과 인맥, 그리고 나이가 주는 신뢰감. 이것은 돈으로도 살 수 없는 자산들이다.

은행에서 30년 일한 K씨(52세)는 이를 완벽하게 활용했다.

"퇴직금으로 부동산에 투자할까 했는데, 생각해보니 내가 가장 잘 아는 게 금융이더라고요."

그가 시작한 것은 개인 금융 컨설팅이었다.

"젊은 컨설턴트들은 이론은 많이 알지만 실무 경험이 부족해요. 저는 30년간 실제로 고객들을 만나면서 어떤 상품이 정말 좋은지 몸으로 알거든요."

지금 그는 200명의 고정 고객을 보유하고 있다.

"나이가 많으니까 오히려 신뢰해요. '이 아저씨는 돈벌이보다 정말 내 상황을 생각해주는구나' 하면서요."

명작은 완벽함이 아니라 진정성이다. 세상에 완벽한 명작은 없다.

모나리자도 자세히 보면 흠이 있고, 베토벤의 교향곡도 처음엔 혹평을 받았다. 하지만 그들의 작품이 명작이 된 이유는 완벽해서가 아니라 진정성이 있었기 때문이다.

당신의 사업도 마찬가지다. 처음부터 완벽할 필요는 없다. 진정성만 있으면 된다.

요양보호사로 전직한 L씨(55세)의 말이 이를 잘 보여준다.

"처음엔 서툴렀어요. 젊은 분들에 비해 체력도 달리고. 하지만 할머니들이 저를 더 선호하시더라고요. '마음이 다르다'면서요. 제 어머니도 치매로 고생하셨거든요. 그 경험이 있으니까 할머니들 마음을 더 잘 이해하게 되는 것 같아요."

지금 그는 대기자가 있을 정도로 인기가 높다.

"기술은 배우면 되지만, 마음은 가르칠 수 없다고 하더라고요."

젊은 창업가들에게는 시간이 적이다. 빨리 성공해야 한다는 압박, 투자자들의 재촉, 경쟁자들의 추격. 하지만 50대인 당신에게는 시간이 내 편이다. 급할 것이 없다. 천천히 해도 된다. 기다릴 수 있다. 이것이 50대 창업가의 가장 큰 무기다.

온라인 강의를 시작한 M씨(58세)의 경험이 이를 보여준다.

"처음엔 수강생이 5명밖에 없었어요. 젊었다면 포기했을 거예요. 하지만 이제는 조급하지 않더라고요."

그는 1년간 꾸준히 콘텐츠를 만들었다. 매주 하나씩, 52개의 강의를 완성했다.

"어느 순간 입소문이 나기 시작했어요. 수강생이 100명, 200명으로 늘어났고요."

지금 그의 강의는 1,000명이 수강한다.

"젊었을 때는 빨리빨리만 생각했는데, 나이 드니까 기다릴 줄 아는 게 오히려 장점이더라고요."

당신이 만든 것이 당신보다 오래 살아남는 것, 당신이 없어도 돌아가는 시스템, 당신이 떠나도 기억되는 가치, 당신이 사라져도 이어지는 철학. 이것이 바로 명작이고 유산이다. 돈만 벌고 끝나는 사업이 아니라, 세상에 선한 영향력을 남기는 사업 말이다.

목공예 작업실을 운영하는 N씨(59세)는 이를 몸소 실천하고 있다.

"젊은 친구들에게 기술을 가르쳐주고 있어요. 돈은 별로 안 되지만, 전통 기술이 사라지는 게 안타까워서요."

그의 작업실에서는 매달 5명의 젊은이들이 목공예를 배운다.

"제가 배운 기술이 그냥 사라지면 아깝잖아요. 다음 세대에게 물려줘야죠."

지금 그의 제자 중 3명은 독립해서 자신만의 작업실을 열었다.

"그들이 성공하는 모습을 보면 정말 뿌듯해요. 제가 만든 게 계속 이어지는 거니까요."

당신은 지금까지 많은 연습을 해왔다. 30년간 쌓은 경험, 인맥, 노하우가 모두 이 순간을 위한 것이었다. 당신은 자신을 고용한 CEO가 되어 명작을 만들 준비가 되었다. 그러니 완벽할 때까지 기다리지 마라. 조건이 갖춰질 때까지 미루지 마라. 지금 당장 시작하라. 작은 것이라도 시작하라. 명작은 하루아침에 만들어지지 않는다. 오늘의 선택이, 오늘의 행동이, 오늘의 노력이 모여서 명작이 된다. 당신의 명작은 무엇이 될 것인가?

✱ 이 단계에서 할 일

1. 나만의 독점권 찾기: 30년간 쌓은 경험과 노하우 중에서 남들이 쉽게 따라할 수 없는 고유한 영역 3가지를 찾아본다. 기술적 전문성, 인적 네트워크, 시장 통찰력 중 어떤 것이 가장 강한지 파악한다.
2. 명작 사업 구상하기: 찾아낸 독점권을 바탕으로 구체적인 사업 아이템을 구상한다. 완벽하지 않아도 되니 일단 시작할 수 있는 작은 것부터 계획한다.
3. 레거시 설계하기: 단순히 돈만 버는 사업이 아니라, 세상에 선한 영향력을 남길 수 있는 방법을 생각한다. 어떤 가치를 후배들에게 전할 것인지 명확히 한다.

✱ 셀프 코칭 질문

1. 나의 30년 경험 중에서 정말 남들이 따라할 수 없는 고유한 영역은 무엇인가? 그것을 어떻게 사업으로 연결할 수 있는가?
2. 내가 만들고 싶은 명작 사업의 핵심 가치는 무엇인가? 단순히 돈벌이인가, 아니면 더 깊은 의미가 있는가?
3. 내가 이 세상에 남기고 싶은 레거시는 무엇인가? 나보다 오래 살아남을 무엇인가를 만들고 있는가?

PART 6 : 존재의 완성
- 자유와 자립으로 완성하는 나만의 삶

"진정한 나로 살고, 유산을 남겨라!"

1. AI가 못하는 일, 50대가 한다

ChatGPT는 완벽한 기획서를 3분 만에 작성할 수 있다. 하지만 새는 수도꼭지를 고칠 수는 없다. 알파고는 이세돌 9단을 이겼지만, 할머니의 손을 잡아드릴 수는 없다. Claude는 시를 쓰고 소설을 번역하지만, 아이의 기저귀를 갈아줄 수는 없다. 바로 여기에 50대가 자신을 고용해야 할 이유가 숨어 있다.

S전자에서 30년간 일한 K씨(54세)에게 명예퇴직 통보가 날아왔다. "젊은 애들이 AI 활용해서 내가 하던 일을 더 빠르게 한다더군요." 절망했던 그가 지금은 웃는다. 에어컨 수리 기사가 된 것이다.

"처음엔 자존심이 상했어요. 30년 화이트칼라가 공구 들고 남의 집 드나들게 생겼으니까요. 그런데 막상 해보니 이게 진짜 실력이더라고요. 반도체 회로 분석하던 머리로 에어컨 회로도는 껌이에요."

현장의 힘이다. 아파트 5층 베란다에서 실외기가 돌지 않을 때, ChatGPT는 매뉴얼만 읽어줄 뿐이나. 하시만 K씨는 소리만 들어노 "압축기 문제네요"라고 진단한다. 30년간 정밀기계를 다룬 경험이 만들어낸 직감이다. AI로는 절대 학습할 수 없는.

대형 마트 매니저로 20년 일한 L씨(52세)의 선택은 더 극적이었다. 구조조정을 당한 후 요양보호사가 된 것이다.

"처음엔 '이 나이에 무슨 남의 뒤치다꺼리'라고 생각했어요. 그런데 할머니 한 분이 제 손을 꼭 잡으시더니 '당신이 내 딸보다 낫다'고 하시는 거예요."

그 순간 그녀는 깨달았다. 이게 단순노동이 아니라 인생 선배를 돌보는 일이라는 것을. AI가 할머니 기저귀를 갈아드릴 수 있는가? 밤에 무서워하시는 할머니 손을 잡아줄 수 있는가? 이 일은 마음으로 하는 거다.

건설회사에서 20년 일한 M씨(56세)는 퇴직 후 타일 시공을 배웠다.
"젊은 친구들도 많지만, 고객들은 저를 더 선호해요. '아저씨가 하면 믿음이 간다'면서요."

새 아파트 입주를 앞둔 30대 부부가 20대 타일공보다 50대 베테랑을 선택하는 것은 당연하다. 집은 가장 사적인 공간이다. 생판 모르는 사람을 들여보내야 하는 상황에서 나이가 주는 신뢰감은 돈으로도 살 수 없다. M씨는 6개월 교육 후 첫 달에 280만 원을 벌었다.

"의뢰인이 '잘했다'고 하면 정말 뿌듯해요. 회사 다닐 때는 상사 눈치, 후배 눈치 봤는데 이제는 오직 고객만 생각하면 되거든요."

진짜 자유란 이런 것이다.

N씨(53세)는 디지털 뱅킹 확산으로 25년간 일한 은행에서 밀려났다.
"젊은 고객들은 다 앱으로 하더라고요. 저 같은 사람은 필요 없어진 거죠."

하지만 그녀는 포기하지 않았다. 홈베이킹을 시작한 것이다. 지금 그녀는 한 달에 350만 원을 번다. 은행원 시절보다 많다. 비밀은 '정성'이다.

"공장에서 찍어낸 빵과 제가 새벽 4시에 일어나서 반죽한 빵은 다를 수밖에 없어요. 특히 아이 있는 엄마들은 '아줌마가 만든 건 안심된다'며 계속 주문해주세요."

AI가 만든 그림보다 사람이 그린 그림이, 로봇이 만든 음식보다 할머니가 담근 김치가 더 비싸게 팔리는 시대다. 모든 것이 자동화될수록 사람들은 역설적으로 인간의 손길을 더욱 그리워한다. 이것을 '인간 프리미엄' 현상이라고 부른다.

하지만 장밋빛 이야기만 있는 것은 아니다. 배관공 O씨(57세)는 "대기업에서 30년 일하다가 이 일을 시작했는데, 몸이 남아나질 않아요. 하루 종일 무거운 도구를 들고 다니고, 여름엔 보일러실에서 땀을 비 오듯 흘리고. 그렇게 월 300만 원을 벌어요"라고 솔직하게 말했다. 이처럼 50대의 몸은 20대와는 다르다. 무리하면 안 된다. 안전이 생명이다. 기술도 중요하지만 신뢰받는 사람이 되는 것이 더 중요하다. 50대라고 배우기를 멈춰서는 안 된다.

그럼에도 불구하고 이들에게는 공통점이 있다. 모두 자신만의 CEO가 되었다는 것이다.

AI 시대에 두 개의 길이 열렸다. 하나는 앞서 나눈 바와 같이 AI와 파트너십을 맺는 길, 즉 ChatGPT와 Claude를 무기 삼아 자신의 능력을 몇 배로 키우며 1인 기업의 CEO가 되는 길이다. 과거 대기업만

이 독점했던 자원과 능력을 개인도 가질 수 있게 된 시대의 혜택을 누리는 것이다.

다른 하나는 AI가 절대 할 수 없는 일을 하는 길이다. ChatGPT가 아무리 똑똑해도 변기는 못 고친다. 알파고가 이세돌은 이겨도 할머니의 손은 잡아드릴 수 없다. 그 변기를 고치고, 그 손은 잡아드리는 사람이 되는 길이다.

어느 쪽을 선택하든 중요한 것은 하나다. 당신이 자신을 고용하는 첫 번째 CEO가 되는 것이다. 20대에는 스펙을 쌓고, 30대에는 경력을 쌓고, 40대에는 인맥을 쌓았다면, 50대에는 자립을 해야 한다. 누군가의 직원이 아니라 누군가에게 꼭 필요한 사람이 되는 것이다.

AI가 세상을 바꾸고 있다. 하지만 정작 세상을 움직이는 것은 여전히 사람이다. AI와 함께 갈 것인가, AI가 못하는 일을 할 것인가. 그 선택은 당신 몫이다.

＊ 이 단계에서 할 일

1. AI 대체 불가 분야 탐색: 내 체력과 성향에 맞는 작업 분야 2개를 선정하고, 해당 분야에서 실제로 일하는 사람을 찾아 현실적 조언을 구한다.
2. 현실적 시장 조사: 선정한 분야의 교육기관을 직접 방문하여 교육 과정, 비용, 취업 현황을 구체적으로 파악한다.
3. 재정 계획 수립: 거주 지역의 시장 포화도와 경쟁 업체 현황을 조사하고, 6개월간의 생활비를 포함한 현실적 자금 계획을 세운다.

* 셀프 코칭 질문

1. 고유 경험 점검: 내가 20~30년간 쌓은 경험 중 AI가 절대 대체할 수 없으면서, 50대의 신뢰성이 오히려 장점이 되는 분야는 무엇인가?
2. 현실적 준비: 새로운 기술을 배우고, 육체적 노동을 감당하며, 고객을 섬길 현실적 준비가 되어 있는가?
3. 자립 의지: 누군가의 직원이 아니라 누군가에게 꼭 필요한 사람이 될 각오가 되어 있는가?

2. 인구 절벽이 만든 시니어들의 기회

일본은 2024년 현재 기업의 31.9%가 '70세까지 고용연장 조치'를 시행하고 있다. 70~74세도 33.5%가 일하고 있다. 도요타, 니토리, 아사히맥주 같은 대기업들이 앞다퉈 70세까지 고용을 확대하고 있다. 이것은 선택이 아니라 생존 때문이다. 일본의 생산가능인구(15~64세)는 7,395만 명으로 전년 대비 25만 6,000명이 감소했다. 총인구 대비 59.5%에 불과하다. 일할 사람이 없어서 70세까지 일을 해야 하는 상황이 된 것이다.

한국도 마찬가지다. 우리나라는 2025년에 65세 이상 고령인구가 20%로 초고령사회에 진입하고, 2036년에 30%, 2050년에 40%를 넘어설 전망이다. 2030년까지 생산가능인구는 320만 명이 줄어들고, 2025년을 정점으로 경제활동인구가 감소세로 돌아선다. 일본보다 더 빠른 속도로 인구 절벽이 진행되고 있다. 그렇다면 질문은 하나다. 당신은 70세까지 일할 준비가 되어 있는가?

일본 재계는 이미 정부에 "고령자 기준을 65세에서 70세로 올리자"고 제안했다. 도쿠라 마사카즈 경단련 회장은 경제재정자문회의에서

"고령자의 건강 수명이 늘어나는 가운데 고령자의 정의를 5세 늘리는 것을 검토해야 한다"고 밝혔다. 실제로 일본 기업들의 움직임은 발 빠르다. 도요타자동차는 2024년 8월부터 시니어 사원 재고용 상한을 70세까지 높였고, 적용 대상도 모든 직종으로 확대했다. 니토리홀딩스는 7월부터 60세 정년 이후 재고용 연령을 65세에서 70세로 늘렸다. YKK는 아예 정년 제도를 없앴다.

더 놀라운 것은 일본 고령자들의 의식이다. 60~64세 응답자의 71.2%가 65세 이후에도 계속 일하고 싶다고 답했으며, 이들 중 82.5%는 현재 근무 중인 기업에서 근속하기를 원한다고 밝혔다. 단순히 생계를 위한 것이 아니라, 삶의 보람을 위해 일자리를 유지하려는 경향이 강하다고 할 수 있다.

한국도 예외가 아니다. 통계청 장래인구추계에 따르면, 한국의 고령인구 비중은 2024년 19.2%에서 2025년 20%, 2036년 30%, 2050년 40%를 넘어설 것으로 전망된다. 더 심각한 것은 생산가능인구의 감소 속도다. 경제활동인구도 2025년을 정점으로 감소세로 돌아선다. 2025년까지 6만 1,000명이 늘다가 2025년부터 2030년까지 131만 2,000명이 줄어들 전망이다. 생산가능인구 100명당 부양해야 하는 65세 이상 노인 인구는 2020년 21.7명에서 2030년 38.5명으로 확대된다.

내년 합계출산율이 2.1명을 회복해도 2040년까지 생산가능인구 감소는 불가피하다는 대한상공회의소 분석도 나왔다. 출산율 정책만으로는 이미 늦었다는 뜻이다. 한국 정부도 고령자 계속고용장려금에

2023년 268억 원을 투입하고, 정년을 65세까지 단계적으로 연장하는 법안이 국회에서 논의되고 있다.

그렇다면 이러한 상황에 우리는 절망해야 할까? 오히려 반대다. 인력 부족이 심화될수록 전문성을 가진 시니어의 가치는 더욱 올라간다. 일본의 사례가 이를 증명한다.

일본에서 70세까지 일하는 사람들은 단순노동자가 아니다. 30~40년간 쌓은 전문성과 경험을 바탕으로 젊은 세대를 지도하고 조직을 안정시키는 역할을 한다. 도요타가 모든 직종으로 70세 고용을 확대한 이유도 여기에 있다. 숙련 기술자들의 노하우가 그대로 사라지는 것을 막기 위해서다.

한국도 마찬가지다. 2024년 상반기에 60대 이상 취업자는 28만 2,000명이 늘어 전 연령대 중 가장 증가폭이 컸다. 70대 이상은 15만 명이 늘어 관련 통계 작성 이래 가장 큰 폭으로 증가했으며, 70대 고용률도 30.2%에 달한다. 단순 계산만으로도 5~7년 후부터는 일할 사람이 절대적으로 부족해진다는 뜻이다. 2030년이 되면 상황이 완전히 바뀐다. 지금은 '나이 때문에 취업이 어렵다'고 하지만, 10년 후에는 '경험 때문에 모셔가려고' 할 것이다.

상상해 보라. 2030년 어느 스타트업 회의실. 28세 CEO가 65세 전 대기업 임원 출신의 부장에게 "이 계약서 어떻게 보세요?"라고 묻는다. 30년 경험의 베테랑이 5분 만에 젊은 창업자가 오랜 시간 고민한 문제를 해결한다. 제조업 현장에서는 70세 숙련공이 최첨단 로봇도 못 찾아내는 불량품을 소리만 듣고도 찾아낸다. 영화 '인턴'에서 로버트 드 니로가 보여준 그 장면이 한국 곳곳에서 벌어질 것이다. 베이비 붐 세대가 대량 은퇴하는 동시에, 저출산으로 인해 새로 유입되는 젊은 인력도 급격히 줄어들 것이기 때문이다.

실제로 한국 기업들도 움직이기 시작했다. 현대차는 '숙련 재고용 제도'로 60세 이상을 재채용하고, SK하이닉스는 '기술 전문가 제도'를 통해 정년 이후에도 우수 기술 인재를 활용하고 있다. 이때의 생존 조건은 단 하나, 전문성이다. 나이만 많고 전문성이 없으면 도태되고, 나이는 많지만 전문성이 있으면 모셔간다.

이제 당신도 70세까지 일할 준비를 해야 한다. 50대라면 앞으로 20년, 40대라면 30년을 더 일해야 한다는 전제로 경력을 설계해야 한다. 그러기 위해서는 전문성을 깊이 있게 키워야 한다. 같은 일을 20년 반복한 것과 매년 새로운 것을 배운 20년은 완전히 다르다. S전자 반도체 부문 전무 출신 A씨(63세)는 "퇴직 후 스타트업 기술자문으로 연봉 8,000만 원을 받는다. 30년간 쌓은 반도체 노하우가 여전히 돈이 되기 때문"이라고 말한다.

이처럼 인구 절벽은 위기지만 동시에 기회. 일할 사람이 부족해지면 경험 있는 시니어의 가치는 자동으로 올라간다. 일본에서 70~74세 취업률이 33.5%에 달하는 것은 이들이 꼭 필요하기 때문이다. 한국도 마찬가지다. 2030년이 되면 경험 있는 50대, 60대를 두고 기업들이 경쟁하는 시대가 올 것이다. 중요한 것은 준비다. 70세까지 일할 수 있는 역량을 갖춰야 선택권이 생긴다.

사실 70세까지 일한다는 것은 70세까지 생존한다는 의미가 아니다. 70세부터 진짜 원하는 일을 할 수 있다는 뜻이다. 생계에 쫓기지 않고, 조직의 눈치를 보지 않고, 오직 자신이 하고 싶은 일만 할 수 있는 자유를 얻는 것이다. 그러기 위해서는 전문성을 기르고, 멘토링 능력을 개발하며, 건강을 관리하고, 인맥을 쌓아야 한다. 그러면 70세는 끝이 아니라 새로운 시작이 될 것이다..

* 이 단계에서 할 일

1. 2030년 인력 부족 시대에 내가 '모셔갈' 만한 전문성 3가지를 명확히 정의하고, 이를 날카롭게 벼릴 구체적 계획을 세운다.
2. 후배나 젊은 세대에게 월 1회 이상 멘토링을 제공할 수 있는 분야를 찾아 실제로 시작해 본다.
3. 정기 건강 검진, 운동 루틴, 스트레스 관리 등 70세까지 건강하게 일할 수 있는 체력과 정신력 관리 계획을 수립하고 실행한다.

* 셀프 코칭 질문

1. 지금 하는 일을 70세까지 계속할 수 있는가? 그렇지 않다면 지금부터 어떤 분야로 경력을 확장해야 하는가?
2. 30년 후 베이비붐 세대가 대량 은퇴할 때, 내 경험과 전문성으로 어떤 가치를 제공할 수 있는가?
3. 70세부터 진짜 하고 싶은 일은 무엇인가? 그 일을 하기 위해 지금부터 어떤 준비를 해야 하는가?

3. 50세, 육아에서 해방돼라

《50이면 육아가 끝날 줄 알았다》라는 책이 있다. 하지만 정작 나이 50이 되어도 육아는 끝나지 않는다. 60이 되어도 마찬가지다. 언제까지 자녀를 돌봐줄 것인가? 답은 명확하다. 최소 50에는 육아를 끝내야 한다.

2022년 기준, 한국의 캥거루족 비율은 81%로 OECD 36개국 중 1위다. OECD 평균 50%의 1.6배에 달한다. 20대 10명 중 8명이 부모에게 얹혀산다는 뜻이다. 2위인 이탈리아(80%), 3위 그리스(78%)와 비슷한 수준이다. 더 심각한 것은 30대다. 30~34세는 2012년 45.9%에서 2020년 53.1%로 7.2%포인트나 증가했다. 30대 캥거루족이 급증하고 있다는 뜻이다.

2030세대 1,903명을 대상으로 한 설문 조사에서도 77%가 "부모에게 경제적으로 의존하고 있다"고 답했다. 경제적으로 완전히 독립한 비율은 23%에 불과했다. 그들이 독립하지 못하는 이유는 '안정적 수입의 부재'가 56%로 가장 높았다. 이어서 '생활비 부담'이 17%, '독립 필요성을 느끼지 못함'이 13% 순이었다. 문제는 이것이 전 세계적인 현상이라는 점이다. 미국도 18~29세 중 절반이 부모와 함께 살고 있다. 과거 부모 세대는 대학 졸업 후 가정을 꾸리기까지 평균 8년이 걸렸지만, 오늘날 젊은이들은 그보다 50% 이상의 기간이 더 걸린다.

최근 캥거루족의 부모는 이른바 '마처세대'다. 부모를 부양하는 '마'지막 세대지만, 자녀에게 부양받지 못하는 '처'음 세대라는 의미다. 1960년대 출생자들이 바로 이 세대다. 은퇴를 앞두고 있거나 은퇴한 뒤에도 2030대 자녀를 돌보고, 8090대 노부모를 봉양해야 하는 이중고에 시달린다.

재단법인 '돌봄과 미래'가 마처세대 980명을 대상으로 설문 조사를 실시한 결과, 이들은 월평균 164만 원을 부모와 자녀를 위해 지출했다. 1년이면 거의 2,000만 원을 가족을 위해 쓴 셈이다. 그러면서도 정작 자신은 자녀로부터 부양을 받지 못할 것이라고 생각했다. "노후 책임을 누가 져야 한다고 보느냐?"는 질문에 10명 중 9명이 '본인'이라고 답했다. 심지어 10명 중 3명은 고독사할 것이라고 답했다.

이것이 현실이다. 위로는 부모를 모시고, 아래로는 자녀를 돌보면서도 정작 자신의 노후는 스스로 책임져야 한다. 도대체 언제까지 자녀를 돌봐줄 것인가? 자녀가 30대, 40대가 되어서도 돌봐줄 것인가?

많은 부모들이 착각한다. 자녀를 도와주는 것이 사랑이라고. 하지만 무한정 지원은 독이다. 자녀의 성장을 가로막는다. 독립할 동기를 빼앗는다. 30대가 되어서도 부모에게 의존하는 자녀들을 보라. 이들 중 상당수는 결혼도 하지 않는다. 할 필요를 느끼지도 못한다. 부모가 모든 것을 해주니까 왜 독립해야 하는지 모르겠다는 반응이다.

이것은 자녀를 위해서도 좋지 않다. 사회적 기능을 상실한다. 책임감을 기를 기회를 놓친다. 위기를 극복하는 능력도 키우지 못한다. 결국 평생 의존적인 인간으로 살아갈 수밖에 없다. 부모에게도 치명적이다. 매달 164만 원씩 지출하면 어떻게 노후 자금을 모을 수 있겠는가?

그렇다면 왜 육아를 50에 끝내야 할까?

첫째, 부모의 생존을 위해서다. 50대부터는 본격적으로 노후를 준비해야 한다. 60세에 은퇴한다면 10년밖에 남지 않는다. 이 10년 동안 모든 역량을 노후 준비에 집중해야 한다. 자녀 뒷바라지하느라 허송세월할 시간이 없다.

둘째, 자녀의 성장을 위해서다. 25세가 되면 사회적으로는 완전한 성인이다. 30세가 되어서도 부모에게 의존한다면 그것은 성장 장애다. 50세 부모가 25세 자녀를 독립시키는 것은 당연하다. 더 늦으면 안 된다.

셋째, 가족 전체의 건강을 위해서다. 30대까지 부모에게 의존하는 자녀는 결혼 시기도 늦어진다. 결혼을 해도 경제적 기반이 약하다. 손주를 낳아도 육아를 부모에게 의존한다. 악순환이 계속된다.

그렇다면 어떻게 해야 할까? 명확한 마감선을 그어야 한다. 애매하게 '언젠가는 독립해야지'가 아니라 구체적인 날짜와 조건을 정해야 한다. 예를 들어 이렇게 말하라. "대학 졸업 후 2년까지는 지원하겠다. 그 기간 동안 취업을 준비하고 경제적 기반을 마련해라. 2년 후에는 독립해야 한다. 월세든 전세든 따로 나가서 살아야 한다"라고 말이다. 냉정해 보일 수도 있다. 하지만 이것이 진짜 사랑이다.

단계적으로 지원을 줄여나가는 것도 좋은 방법이다. 첫해에는 100% 지원, 둘째 해에는 70% 지원, 셋째 해에는 40% 지원, 넷째 해부터는 완전 독립. 이런 식으로 점진적으로 줄여나가면 자녀도 적응할 수 있다. 중요한 것은 일관성이다. 한 번 정한 원칙은 지켜야 한다. 자녀가 울고불고 매달려도 흔들리면 안 된다. "안 되는 건 안 되는 거야"라고 단호하게 말해야 한다.

실제로 명확한 마감선을 정한 가정들을 보자. A씨(54세)는 아들이 대학을 졸업하자마자 "2년 동안만 지원해주겠다. 그 기간 동안 취업하고 독립 준비를 하라"고 선언했다. 아들은 처음에는 반발했지만, 마감이 있으니까 진지하게 취업 준비를 했다. 1년 8개월 만에 취업에 성공했고, 2년 후 독립했다. 지금은 결혼해서 잘 살고 있다.

B씨(52세)는 딸이 30세가 되도록 집에 있자 더 이상 참을 수 없었다. 그래서 "6개월 후에는 무조건 나가라"고 통보했다. 딸은 "취업도 안 됐는데 어떻게 나가느냐"고 반발했지만 B씨는 단호했다. 결국 딸은 5개월 만에 취업했고, 독립했다. B씨는 "진작 그럴 걸 그랬다"고 후회했다.

반대 사례도 있다. C씨(58세)는 아들이 35세가 되도록 집에서 놀고 있지만 계속 용돈을 주고 있다. "불쌍해서 어떻게 내쫓느냐"고 말한다. 하지만 아들은 점점 더 의존적으로 되어가고 있다. 취업 의지도 없다. C씨는 자신의 노후 자금을 다 써가며 아들을 부양하고 있다. 이것이 진짜 사랑일까?

50에 육아를 끝내는 것은 절대 자녀를 포기하는 것이 아니다. 오히려 자녀를 위한 선택이다. 진정한 성장을 도와주는 것이다. 독립한 자녀들을 보라. 처음에는 힘들어하지만, 몇 년 지나면 자신감이 생긴다. '내가 할 수 있구나'라는 것을 깨닫는다. 문제 해결 능력도 생긴다. 책임감도 강해진다. 이것이야말로 진짜 성장이다.

부모에게 의존하는 자녀들은 어떤가? 30대, 40대가 되어도 어린아이 같다. 문제가 생기면 부모에게 도움을 요청한다. 자신의 힘으로 해결해본 경험이 없으니까 자신감도 없다. 이것이 자녀를 위한 일일까?

육아를 끝낸다고 해서 자녀와의 관계가 끝나는 것이 아니다. 오히려 새로운 관계가 시작된다. 부모와 자녀에서 성인과 성인의 관계로 바뀐다. 독립한 자녀와는 더 건강한 관계를 맺을 수 있다. 서로 존중하는 관계가 된다. 자녀도 부모의 노고를 이해하게 된다. '우리 부모님이 이렇게 힘들게 나를 키워주셨구나'라는 것을 깨닫는다.

반대로 의존 관계에서는 갈등만 늘어난다. 자녀는 부모를 당연시한다. 부모는 자녀가 원망스럽다. 서로 스트레스받는 관계가 된다. 이것이 건강한 가족 관계일까?

50에 육아를 끝내려면 40대부터 준비해야 한다. 자녀에게 미리 "언제까지는 지원해주겠지만 그 이후에는 독립해야 한다"고 명확하게 말해야 한다. 자녀가 반발할 수도 있다. 하지만 흔들려서는 안 된다. 자녀, 당신의 노후, 가족 전체의 미래를 위한 일이다. 죄책감을 느낄 필요도 없다. 자녀를 버리는 것이 아니다. 자녀를 진정으로 독립시키는 것이다. 이것이야말로 진짜 부모의 역할이다.

* 이 단계에서 할 일

1. 자녀 독립 계획 수립하기: '대학 졸업 후 2년'과 같이 구체적인 독립 시기와 조건을 정하고, 자녀와 공유한다.
2. 단계적 지원 축소 계획 세우기: 연차별로 지원 비율을 줄여나가는 구체적인 계획을 수립한다.
3. 가족회의 개최하기: 독립 계획을 가족 전체가 함께 논의하고, 합의점을 찾는다.

* 셀프 코칭 질문

1. 현재 자녀에게 월평균 얼마를 지원하고 있는가? 이 돈으로 노후 준비를 한다면 어떤 결과가 있을까?
2. 자녀가 30세가 되어서도 독립하지 못한다면 그 책임은 누구에게 있는가?
3. 명확한 독립 마감선을 정하지 않는 진짜 이유는 무엇인가? 자녀에 대한 사랑인가, 아니면 나의 두려움인가?

4. 가족을 최고의 자산으로 만들어라

가족은 후반전의 가장 중요한 자산이다. 하지만 잘못 관리하면 가장 큰 부채가 된다. 중년 이혼율이 치솟고 있는 지금, 당신은 선택해야 한다. 가족을 경영할 것인가, 가족에게 경영당할 것인가. 성공하는 1인 CEO들은 가족까지 전략적으로 관리한다.

냉혹한 현실부터 직시하자. 2024년 통계에 따르면, 평균 이혼 연령이 남자 50.4세, 여자 47.1세다. 결혼 30년 이상 부부의 이혼율은 16.6%에 달한다. 6쌍 중 1쌍이 인생 후반전에 갈라선다는 뜻이다. 더 충격적인 사실은 이혼하는 순간 가구 순자산이 절반으로 줄어든다는 것이다. 지금까지 모은 부동산, 예금, 투자금을 반으로 나눠야 한다. 노후 자금이 한순간에 반토막 나는 것이다. 반면에 생활비는 두 배로 늘어난다. 주거비, 관리비, 공과금을 각자 따로 부담하기 때문이다.

이것은 단순히 가정 문제가 아니다. 경제적 자립을 위협하는 최대 리스크다. 아무리 성공적으로 사업을 키우고 투자 수익을 올려도, 가족이 부채가 되면 모든 것은 물거품이 된다. 반대로 가족이 자산이 되면 어떨까? '1+1=3'이 되는 시너지가 발생한다. 비용은 절약되고, 수익은 배가되고, 리스크는 분산된다. 혼자서는 할 수 없는 일들을 함께 해낼 수 있다.

성공하는 기업가들의 공통점이 있다. 가족을 감정의 영역이 아닌 전략의 영역으로 관리한다는 것이다. 부부관계를 비즈니스 파트너십으로 재정의한다. 좋은 비즈니스 파트너의 조건은 무엇일까? 명확한 역할 분담, 투명한 정보 공유, 공동 목표가 있어야 한다. 중년 부부의 문제는 이 모든 것이 애매하다는 데 있다. 이제 관계를 재설계할 때다.

첫 번째 과제는 재무의 투명성이다. 많은 부부들이 상대방의 정확한 재무 상태를 모른다. 이것은 비즈니스에서는 있을 수 없는 일이다. 모든 자산, 가령 부동산, 예금, 주식, 보험, 연금, 부채까지 투명하게 공개해야 한다. 대출, 카드빚, 보증 채무도 마찬가지다. 정확한 가구 순자산을 파악하는 것이 시작이다.

월 수입과 지출도 투명하게 공유해야 한다. 가계부를 함께 작성하고, 매월 재무 상태를 점검하며, 큰 지출은 반드시 상의하고, 투자 결정도 함께 내려야 한다. 이런 투명성은 갈등을 줄여준다. 재무적 비밀이 있으면 의심과 불신이 쌓인다. 하지만 모든 것이 투명하면 신뢰가 생긴다. 신뢰야말로 최고의 자산이다.

좋은 비즈니스 파트너는 서로 다른 강점을 가져야 한다. 같은 일을 하면 경쟁이 되지만, 다른 일을 하면 협력이 된다. 중년 부부도 마찬가지다. 서로의 차별화된 강점을 파악하고, 역할을 재분배해야 한다. 한 사람은 투자 전문가, 다른 한 사람은 절약 전문가, 한 사람은 사업

개발을 담당하고, 다른 한 사람은 운영 관리를 담당하는 식이다.

예를 들어 부부가 함께 게스트하우스를 운영한다고 가정해 보자. 남편은 시설 관리와 마케팅을 담당하고, 아내는 고객 서비스와 회계를 담당할 수 있다. 각자의 전문성이 결합되면 '1+1=3'이 되는 시너지가 발생한다. 은퇴 후에도 마찬가지다. 한 사람은 주식 투자를 공부하고, 다른 한 사람은 부동산 투자를 공부하면, 전문성의 분산이 리스크를 줄이고 기회를 늘린다.

과거에는 자녀를 키우는 것이 공동 목표였다면, 이제는 새로운 공동 목표가 필요하다. 경제적 자립을 완성하는 것이 새로운 공동 목표가 되어야 한다. "은퇴 후 월 500만 원의 부동산 임대소득을 만들겠다", "10년 내에 카페 사업으로 연 1억 원의 매출을 달성하겠다", "부부 합산 연금을 월 300만 원 이상 받겠다"와 같은 구체적이고 명확한 목표가 필요하다.

이런 목표가 있으면 부부가 같은 방향으로 움직인다. 지출을 줄이는 것도, 투자하는 것도, 새로운 것을 배우는 것도 모두 공동 목표를 위한 것이 된다. 목표 의식이 관계를 강화한다. 목표 달성 과정에서 새로운 재미도 찾을 수 있다. 함께 부동산을 보러 다니고, 함께 투자 공부를 하고, 함께 사업 계획을 세우는 것 자체가 새로운 취미가 된다.

후반전에서 가장 중요한 자산은 건강이다. 부부의 건강을 공동 자산으로 관리해야 한다. 한 사람이 건강을 잃으면 가구 전체의 재무 상태가 위험해지기 때문이다. 의료비 증가는 물론이고, 간병비, 소득 감소까지 고려해야 한다. 반대로 두 사람 모두 건강하면 의료비는 절약되고, 경제활동 기간은 연장되며, 삶의 질은 향상된다.

그러니 함께 운동하고, 함께 건강한 식사를 하고, 함께 정기검진을 받아라. 서로의 건강 상태를 모니터링하고, 이상 신호가 있으면 즉시 대응하라. 건강 관리도 투자라는 마음가짐이 필요하다. 정기적으로 대화 시간을 가져라. 비즈니스 이야기만 하지 말고, 서로의 감정과 생각도 나눠라. 감사 표현을 자주 하라. "당신 덕분에 우리가 여기까지 왔다"고 인정하라.

진정한 자산은 확장이 가능해야 한다. 부부라는 핵심 자산에서 시작해 가족 전체를 경제적 네트워크로 발전시켜라. 자녀들과도 새로운 관계를 만들어라. 일방적으로 지원해주는 관계에서 상호 도움을 주고받는 관계로 전환하라. 가령, 자녀가 IT에 강하다면 부모의 온라인 사업을 도와줄 수 있을 것이다. 또한 부모가 자본이 있다면 자녀의 창업을 지원할 수 있을 것이다.

형제자매들과도 연대를 강화하라. 함께 투자하고, 함께 사업하고, 함께 부모를 돌보는 것이다. 혈연이라는 끈끈한 유대는 비즈니스에도 강력한 자산이 된다. 이런 가족 네트워크가 있으면 위기 상황에 더 강해진다. 개인이 감당하기 어려운 위험도 가족이 함께하면 극복할 수 있다. 동시에 기회도 더 많이 찾을 수 있다. 네트워크가 클수록 정보와 기회도 많다.

어떤 자산이든 위험 관리가 필요하다. 가족이라는 자산도 마찬가지다. 예상치 못한 위험에 대비해야 한다. 건강 문제가 생겼을 때를 대비해 의료보험을 충분히 들어두고, 간병 계획도 세워 두어야 한다.

경제적 위기가 왔을 때를 대비해 비상 자금을 준비하고, 수입원도 다양화해야 한다.

극단적으로 이혼할 경우도 대비해야 한다. 감정적으로는 원치 않겠지만, 리스크 관리 차원에서는 필요하다. 재산 분할 방법, 자녀 문제, 생활비 문제를 미리 정리해두는 것이 현명하다. 플랜B가 있으면 플랜A가 더 강해진다. 언제든 헤어질 수 있다는 각오가 있어야 진정으로 함께할 수 있다. 의존이 아닌 선택으로 함께 사는 것이다.

진정한 자산 관리는 성과 측정이 필수다. 가족 경영의 성과도 정기적으로 측정해야 한다. 재무적 성과는 '가구 순자산이 얼마나 늘었는가?', '월 수입이 얼마나 증가했는가?', '지출은 얼마나 줄었는가?', '투자 수익률은 어떠한가?' 등으로 쉽게 측정할 수 있다. 이와 함께 '서로에 대한 만족도는 어떤가?', '건강 상태는 개선되었는가?', '스트레스는 줄어들었는가?', '미래에 대한 확신은 늘어났는가?' 등과 같은 비재무적 성과도 중요하다.

매년 가족 총회를 열어 지난 1년의 성과를 점검하고, 내년 계획도 수립하라. 문제점은 무엇이고, 개선 방안은 무엇인지 토론하라. 이런 체계적 관리가 가족을 진정한 자산으로 만든다. '가족을 자산으로 만들 것인가, 부채로 방치할 것인가?'는 결국 선택의 문제다.

자산이 되는 가족의 특징은 명확하다. 서로를 성장시키고, 함께 가치를 창출하고, 위험을 분산하고, 기회를 확대한다. '1+1=3'이 되는 시너지를 만든다. 부채가 되는 가족의 특징도 명확하다. 서로의 발목을 잡고, 자원을 낭비하고, 갈등으로 에너지를 소모하고, 기회를 놓친다. '1+1=1'도 안 되는 결과를 만든다.

가족 경영은 기술이다. 저절로 되지 않는다. 의식적이고 체계적으로 관리해야 한다. 감정에만 의존하면 실패한다. 전략과 시스템이 필요하다. 많은 사람들이 가족을 신성시한다. 돈 이야기를 꺼내는 것 자체를 불경하다고 생각한다. 하지만 그런 생각이야말로 가족을 부채로 만드는 주범이다.

사랑과 전략은 대립하지 않는다. 오히려 진정한 사랑일수록 더 치밀한 전략이 필요하다. 감정만으로는 사랑을 지킬 수 없다. 현실적인 계획과 체계적인 관리가 있어야 사랑도 지속된다. 서로를 진정으로 아낀다면 더욱 전략적으로 관계를 관리해야 한다.

중년의 가족은 젊은 시절의 가족과 다르다. 자녀 중심에서 부부 중심으로 바뀌어야 한다. 감정 중심에서 목표 중심으로 바뀌어야 한다. 소비 중심에서 투자 중심으로 바뀌어야 한다. 이런 변화를 거부하면 가족은 점점 부채가 된다. 하지만 적극적으로 변화하면 가족은 최고의 자산이 된다.

후반전을 성공적으로 살고 싶다면 가족부터 제대로 경영해야 한다. 가족이 든든한 자산이 될 때 진정한 경제적 자립은 완성된다. 혼자서는 할 수 없는 일들을 가족과 함께 해내라. 그것이 1인 CEO의 마지막 과제다. 감정을 버리라는 것이 아니다. 감정 위에 전략을 얹으라는 것이다. 사랑을 포기하라는 것이 아니다. 사랑을 더 현명하게 관리하라는 것이다.

* **이 단계에서 할 일**

1. 가족의 재무 투명성 확보하기: 모든 자산과 부채를 투명하게 공개하고, 가구 순자산을 정확히 파악한 후 월별 재무 현황 공유 시스템을 구축한다.
2. 비즈니스 파트너십 역할 분담하기: 부부 각자의 차별화된 강점을 파악하여 투자, 절약, 사업 등 영역별 전문 역할을 명확히 분담한다.
3. 경제적 자립 공동 목표 설정하기: 구체적이고 측정 가능한 재무 목표(임대소득, 사업 매출, 연금 등)를 함께 수립하고 달성 계획을 세운다.

* **셀프 코칭 질문**

1. 지금 당장 이혼한다면 가구 순자산과 생활비가 어떻게 변할까? 그 변화가 경제적 자립에 미치는 영향은?
2. 배우자와 나는 현재 어떤 차별화된 역할을 하고 있는가? 서로의 강점을 활용해 '1+1=3'의 시너지를 만들고 있는가?
3. 가족이 함께 달성하고자 하는 구체적인 경제 목표가 있는가? 그 목표를 위해 실제로 협력하고 있는가?

5. 이제 혼자서도 충분하다

이제 홀로 설 때가 왔다. 평생 의지했던 울타리들이 하나씩 사라지고 있다. 하지만 두려워하지 마라. 이것은 몰락이 아니라 진정한 시작의 신호다. 칸트는 '타인의 지도 없이도 이성에 따라 판단하고 행동하는 것'이 어른됨의 조건이라 했고, 융은 '중년기는 자아를 버리고 자기를 발견하는 시기'라 했다. 홀로서기는 고립이 아니다. 진정한 자유의 시작이다.

이미 우리 사회는 거대한 홀로서기의 시대로 접어들었다. 2023년 1인 가구가 전체 가구의 35.5%를 차지했다. 3가구 중 1가구 이상이 혼자 산다. 특히 혼자 사는 고령자 가구는 213만 8천 가구로 전체 고령자 가구의 37.8%에 달한다. 이들 중 32.8%는 스스로 취업해 생활비를 마련하고 있다. 이미 수백만 명이 홀로서기를 실천 중이다.

기업들도 이 변화를 감지했다. 중장년 1인 창업 지원 프로그램이 급증하고 있으며, 한국보건산업진흥원에 따르면 실버 이코노미 시장 규모는 2020년 73조 원에서 2030년 168조 원으로 성장할 전망이다. 홀로서기는 더 이상 고립이 아니라 새로운 기회의 시작이다.

이것은 사회의 붕괴가 아니다. 의존의 시대가 가고, 자립의 새로운 시대가 온 것이다. 우리는 이 변화의 한복판에 서 있다.

홀로서기란 혼자 사는 것이 아니다. 남에게 의존하지 않으면서도 더 깊고 의미 있는 연결을 만드는 것이다. 칸트가 말한 계몽된 개인이 되는 것이다. 융이 통찰한 개성화를 완성하는 것이다. 이를 위해 홀로서기를 위한 전제조건을 알아보자.

첫째, 몸의 독립이다. 아무도 당신의 건강을 대신 책임져주지 않는다. 혼자 사는 고령자의 주관적 건강 평가는 전체 고령자보다 부정적이지만, 역설적으로 이들의 건강관리 의식은 더 높다. 스스로 챙겨야 한다는 절박함이 오히려 더 나은 건강관리로 이어진다. 당신은 자기 몸의 CEO가 되어야 한다.

둘째, 마음의 독립이다. 정신적 자립 없이는 어떤 위기도 견딜 수 없다. 남의 지시나 눈치를 보며 사는 시대는 끝났다. 스스로 판단하고, 결정하고, 그 결과를 담담히 받아들일 수 있는 마음의 힘을 길러야 한다. 평생 학습자가 되어 변화에 유연하게 적응해야 한다.

셋째, 관계의 독립이다. 얕고 의무적인 관계에서 벗어나 진정으로 선택한 관계를 만들어야 한다. 에너지를 빼앗는 관계는 과감히 정리하고, 서로를 성장시키는 관계에 집중해야 한다. 나이가 들수록 관계의 질이 삶의 질을 결정한다.

넷째, 존재의 독립이다. 사회의 기준이 아닌 자신만의 기준으로 살아가는 것이다. '나는 무엇을 위해 사는가?'라는 질문에 스스로 답할 수 있어야 한다. 남의 인정이 아닌 자기 인정에서 만족을 찾는 것이다.

중장년층의 경제활동 패턴이 급격히 변하고 있다. 특히 주목할 점은 프리랜서나 1인 사업자를 선택하는 비율이 급증하고 있다는 것이다. 그 많은 중장년층이 발견한 것은 무엇일까? 홀로 설 수 있는 능력이야말로 노후 최고의 경쟁력이라는 것을 깨달았다. 회사 눈치를 보지 않고 자신만의 사업을 할 수 있는 것, 가족 반대에 굴복하지 않고 자신이 하고 싶은 일을 할 수 있는 것, 사회 시선에 개의치 않고 자신만의 속도로 살아갈 수 있는 것, 이것이야말로 진정한 자유인 것이다.

인구 구조 변화는 위기가 아니라 기회다. 혼자 사는 사람들이 많아진다는 것은 홀로서기 문화가 확산된다는, 새로운 라이프스타일 시장이 열린다는 뜻이다. 1인 가구를 위한 상품과 서비스, 개인 맞춤형 솔루션을 가장 잘 아는 사람은 바로 홀로서기를 경험한 당신 자신이다. 당신의 경험과 지혜가 새로운 가치를 창출할 수 있다.

진정한 홀로서기는 고립이 아니다. 더 선택적이고 의미 있는 연결을 만드는 것이다. 그러니 혈연, 지연, 학연이 아닌 관심사와 가치관으로 연결된 새로운 공동체를 만들어라. 함께 운동하고, 함께 배우고, 함께 창조하는 동지들을 찾아라. 선택받은 가족이 태어난 가족보다 더 소중할 수 있다. 홀로 설 수 있는 사람끼리 만나야 진정한 동반자가 될 수 있다. 의존하거나 의존당하는 관계가 아니라, 서로를 성장시키고 함께 창조하는 관계를 만들어라. 이것이 중년 이후 관계의 새로운 패러다임이다.

홀로서기를 위한 다섯 가지 원칙

그렇다면 홀로서기 위해서는 어떤 원칙을 가져야 할까?

첫째, 자기 신뢰를 길러라. 다른 사람의 조언보다 자신의 직감을 믿어라. 50년 넘게 살아온 경험이 가장 소중한 자산이다. 남의 기준에 맞추려 하지 말고 자신만의 기준을 세워라.

둘째, 작은 것부터 독립하라. 처음부터 완전한 독립을 추구하지는 마라. 작은 의사 결정부터 스스로 하는 연습을 하라. 점심 메뉴부터 주말 계획까지, 작은 것들을 스스로 정하는 습관을 길러라.

셋째, 실패를 두려워하지 마라. 홀로서기의 과정에서 넘어질 수도 있다. 그러나 실패는 학습의 기회다. 중요한 것은 넘어지지 않는 것이 아니라 다시 일어서는 것이다.

넷째, 지속적으로 성장하라. 홀로서기는 한 번 완성되는 것이 아니라 지속적인 과정이다. 매일 조금씩 더 독립적이 되고, 더 자유로워지고, 더 강해져야 한다.

다섯째, 나눔을 실천하라. 홀로 설 수 있게 되면 다른 사람들을 도울 여력이 생긴다. 경험을 나누고, 지혜를 전달하고, 후배들을 격려하라. 진정한 홀로서기는 이타적이다.

한 조사에 따르면 혼자 사는 고령자 중 44.2%가 "노후를 준비하고 있다"고 답했고, 45.4%는 "취미활동을 희망한다"고 답했다. 나이는 새로운 시작을 막는 장벽이 아니라 자유로운 선택을 가능하게 하는 자산이다. 젊을 때는 잃을 것이 많아 조심스러웠다. 하지만 이제는 오히려 자유로워졌다. 사회적 성공에 대한 압박이나 남의 시선에 대한 부담도 줄어들었다. 이제야 비로소 진짜 나다운 삶을 살 수 있게 되었다.

그러니 완벽할 필요가 없다. 준비가 완전히 끝날 때까지 기다리지 마라. 작은 걸음이라도 내딛는 것이 중요하다. 한 걸음씩 나아가다 보면 어느새 당당히 홀로 서 있는 자신을 발견하게 될 것이다.

완전한 존재가 되라

이제 당신은 완전한 존재가 되었다. 누구에게도 의존하지 않으면서 누구와도 진정으로 연결될 수 있는 존재가 되었다. 이것이 진정한 성숙이고, 진정한 자유며, 나이 드는 것의 가장 큰 축복이다. 드디어 사회의 기대가 아닌 내면의 목소리에 따라 살 수 있게 된 것이다. 경제적으로는 자립하되 인간적으로는 깊이 연결되고, 물질적으로는 검소하되 정신적으로는 풍요로우며, 몸은 늙어가되 마음은 오히려 더 젊어지는 삶. 이것이 바로 홀로서기의 완성이다.

우리는 젊었을 때는 인정받기 위해 남의 기준에 맞춰 살았다. 이제는 인정 따위가 필요 없기에 내 기준대로 살면 된다. 젊었을 때는 외로움이 두려워서 아무나 붙잡고 살았다. 이제는 혼자가 편해서 정말 필요한 사람만 곁에 두면 된다. 이처럼 홀로서기는 고독이 아니라 자유다. 고립이 아니라 선택이다. 약함이 아니라 강함이다.

인생의 모든 경험이 이 순간을 위한 것이었다. 모든 만남과 이별, 성공과 실패가 당신을 지금의 당신으로 만들었다. 이제 그 모든 것을 온전히 소유하고 당당히 홀로 설 때다. 넘어지는 건 내 책임이 아닐 수 있다. 하지만 다시 털고 홀로 일어서는 것은 순전히 내 책임이다.

* 이 단계에서 할 일

1. 의존도 체크리스트 작성하기: 현재 나를 의존하게 만드는 모든 요소들 (경제적, 정서적, 사회적)을 점검하고 단계적 독립 계획을 수립한다.
2. 홀로서기 루틴 설계하기: 하루 중 최소 2시간은 누구의 간섭도 받지 않고 온전히 나만의 시간으로 확보하여 자립을 연습한다.
3. 선택적 관계 전략 실행하기: 에너지를 주는 관계와 빼앗는 관계를 구분하고, 의미 있는 소수 관계에 집중하는 네트워크로 재구성한다.

* 셀프 코칭 질문

1. 나는 지금 무엇에, 누구에게 의존하고 있는가? 그 의존에서 벗어나면 어떤 가능성이 열릴까?
2. 만약 아무도 나를 도와주지 않는 상황이 온다면 나는 어떻게 살아갈 것인가? 그 계획이 구체적으로 준비되어 있는가?
3. 내가 진정으로 홀로 설 수 있다면 어떤 꿈을 실현하고 싶은가? 지금 그 꿈을 향해 첫걸음을 내딛지 못하는 진짜 이유는 무엇인가?

6. 불타는 갑판에서 뛰어내릴 용기가 있는가?

1988년 7월, 영국 스코틀랜드에서 근해 석유 시추선 폭발 사고가 일어났다. 166명이 목숨을 잃은 참혹한 재앙 속에서 단 한 사람, 앤디 모칸만 살아남았다. 그는 불타는 갑판에서 45미터 아래 차가운 바다로 뛰어내렸다. 이때 생과 사를 가른 것은 무엇이었을까? 익숙함과의 결별이었다.

앤디 모칸에게는 두 가지 선택지가 있었다. 불타는 갑판에서 확실한 죽음을 기다리거나, 45미터 아래 차가운 바다로 뛰어내려 생존 가능성에 걸거나. 그는 망설임 없이 뛰어내렸다. 그리고 살아남았다. 그렇다면 166명의 사람들은 왜 갑판에 그대로 남아 있었을까? 불타는 갑판이 위험하다는 것을 알면서도 움직이지 않았다. 뛰는 것보다는 구조를 기다리는 것을 택했다. 구조를 기다리다 삶을 포기했다. 이것이 인간의 본능이다. 익숙함에 매달리려는 본능 말이다.

지금 당신도 위험한 갑판 위에 서 있을지 모른다. 서서히 무너지고 있는 평생직장이라는 갑판, 연공서열이라는 갑판 위에. 한국무역협회는 기업의 평균 수명이 1958년 61년에서 2027년 12년으로 급격히 단축될 것이라고 예측했다. 포춘 500대 기업 중 1955년 첫 리스트에 올랐던 기업이 2024년까지 살아남은 것은 겨우 49개뿐이었다.

이처럼 영원할 것 같던 모든 것이 사라져 가고 있다. 당신이 믿고 의지했던 것들이 하나씩 무너지고 있다. 대부분의 사람들은 여전히 위험한 갑판 위에 그대로 서 있다. '아직 괜찮아', '조금만 더 버티면 될 거야', '다른 사람들도 다 그러잖아'라고 하면서. 문제는 갑판이 위험하다는 사실이 아니라 그것을 알면서도 행동하지 못하는 것이다. 익숙함이라는 감옥에서 벗어나지 못하는 것이다. 두려움이 생존 본능보다 강한 것이다.

세계경제포럼은 향후 5년간 모든 직업의 4분의 1이 바뀔 것이라고 예측했다. 동시에 새로운 일자리도 창출된다고 했다. 문제는 기존 일자리가 사라지는 속도와 새로운 일자리가 생겨나는 속도 사이의 간극이다. 이 간극을 메우는 것은 개인의 결단이다.

현재의 당신은 과거의 당신이 내린 선택들의 결과다. 20년 전 선택한 전공, 10년 전 들어간 회사, 5년 전 익힌 기술이 지금의 당신을 만들었다. 마찬가지로 미래의 당신은 지금 당신이 내리는 선택의 결과다. 그런데 지금 당신은 어떤 선택을 하고 있는가?

시간이 많지 않다. 중년이 되면 더 이상 시간이 많지 않다는 것을 깨닫게 된다. 앞으로 20년, 길어야 30년이다. 그런데도 여전히 과거의 방식에 매달리고 있다면, 그것은 남은 시간을 포기하는 것과 같다.

젊을 때는 실패해도 다시 시작할 시간이 있었다. 하지만 지금은 다르다. 마지막 기회일 수도 있다. 그렇기 때문에 더욱 신중해야 하지만, 동시에 더욱 과감해야 한다. 신중하되 결단력 있게, 조심스럽되 담대하게 행동해야 한다.

다윈이 말했듯이 살아남는 종은 가장 강한 종도, 가장 똑똑한 종도 아니다. 환경에 가장 잘 적응하는 종이다. 중년에게 필요한 것은 단순한 적응이 아니다. 주도적인 전환이다. 끌려가는 것이 아니라 이끄는 것이다.

IBM의 CEO 연구에 따르면, 성공하는 리더들의 공통점은 '적응력'이었다. 여기서 말하는 적응력은 수동적 순응이 아니라, 능동적 혁신 창조 능력이다. 환경에 맞춰 자신을 바꾸는 것이 아니라, 자신만의 새로운 환경을 창조하는 능력이다.

중년이야말로 이런 능력을 가질 수 있는 최적의 시기다. 경험도 있고, 인맥도 있고, 자본도 어느 정도 있다. 무엇보다 잃을 것에 대한 두려움이 줄어들었다. 젊을 때는 잃을 것이 많아서 조심스러웠지만, 이제는 오히려 자유롭다. 이 자유로움을 언제 활용할 것인가?

실리콘밸리에는 "Fail Fast, Fail Cheap"이라는 문화가 있다. 빨리 실패하고 적은 비용으로 실패하라는 뜻이다. 중년에게는 다른 접근이 필요하다. "Think Deep, Act Bold", 즉 깊이 생각하고 과감하게 행동해야 한다. 젊은이들처럼 무모하게 뛰어들 필요는 없다. 신중하게 계획을 세웠다면 과감하게 실행해야 한다.

구글의 연구에 따르면, 실패를 경험한 직원들이 다음 프로젝트에서 성공률이 더 높았다. 실패야말로 최고의 스승이기 때문이다. 중년은 이미 수많은 실패를 경험했다. 그 경험이 이제 자산이 된다. 실패를 두려워할 이유가 없다.

네트워크도 마찬가지다. 하버드대 연구에 따르면, 혁신적인 아이디어의 90%가 서로 다른 분야 사람들과의 교류에서 나온다. 중년은 이미 다양한 네트워크를 갖고 있다. 이제 그 네트워크를 새로운 방식으로 활용할 때다. 같은 업계 사람들과만 어울렸다면 이제는 다른 분야로 확장해야 한다. 경계를 넘나드는 담력이 필요하다.

앞에서 앤디 모칸은 어떻게 바다로 뛰어내릴 수 있었을까? 그에게 특별한 능력이 있어서였을까? 아니다. 그는 현실을 정확히 봤을 뿐이다. 갑판에 남아 있으면 100% 죽고, 뛰어내리면 살 가능성이 있다는 것을 그는 정확히 판단했다. 그리고 행동했다.

지금 당신에게도 그와 같은 판단력이 필요하다. 현재 상황에 그대로 머물러 있으면 어떻게 될까? 새로운 시도를 하면 어떻게 될까? 냉정하게 계산해 보라. 감정이 아니라 이성으로 판단해야 한다.

중년이 되면 남의 시선을 의식할 필요가 줄어든다. 젊을 때는 '남들이 뭐라고 할까?' 하고 걱정이 많았다. 이제는 그런 걱정에서 자유로워졌다. 진짜 자신이 원하는 일을 할 수 있는 시기가 온 것이다.

이제 우리는 MIT의 피터 센게가 말한 '학습하는 개인'이 되어야 한다. 지속적으로 학습하고, 적응하며, 새로운 가능성을 탐구하는 개인 말이다. 중년의 학습은 젊은이들의 학습과는 달리 더 목적 지향적이고, 전략적이어야 한다. 무엇을 위해 배우는지 명확해야 한다.

스탠포드대학의 연구에 따르면, 작은 혁신의 누적이 큰 전환을 만든다. 중년에게는 시간이 부족하다. 작은 혁신도 좋지만, 때로는 대

담한 전환도 필요하다. 앤디 모칸처럼 45미터 아래로 뛰어내리는 담력도 필요하다.

* 이 단계에서 할 일

1. 현실 직시하기: 내가 현재 머물고 있는 '위험한 갑판'이 무엇인지 냉정하게 분석하고, 그대로 남아 있을 때와 뛰어내릴 때의 결과를 비교·분석한다.
2. 마지막 도전 프로젝트 시작하기: 지금까지 '나이 때문에', '안정 때문에' 미뤄왔던 진짜 하고 싶은 일 하나를 구체적으로 계획하고, 첫 단계를 실행한다.
3. 진정한 나 탐색하기: 남의 시선과 사회적 기대를 제거했을 때 진짜 내가 원하는 삶의 모습을 구체적으로 그려보고, 그것을 향한 행동 계획을 수립한다.

* 셀프 코칭 질문

1. 나는 지금 어떤 '위험한 갑판' 위에 서 있는가? 그 갑판에 그대로 남아 있으면 어떤 일이 벌어질까?
2. 만약 남의 시선과 사회적 기대를 완전히 무시할 수 있다면, 나는 어떤 삶을 살고 싶은가? 지금 그 삶을 살지 못하는 진짜 이유는 무엇인가?
3. 100세가 된 내가 지금의 나를 돌아본다면, 어떤 선택을 하라고 조언할까? 그 조언을 따를 담력이 있는가?

PART7: 1인 기업으로 살아가는 법

"진정한 홀로서기!"

1. 1인 기업의 하루, 내가 곧 회사인 삶

오전 7시, 알람이 울린다. 하지만 나는 이미 깨어 있다. 누군가의 지시를 받아 출근하는 삶을 살 때는 알람 소리가 지옥의 사이렌처럼 들렸다. 지금은 다르다. 나는 나 자신의 사장이고, 직원이며, 기획자이자, 실행자다. 오늘도 내가 설계한 하루가 시작된다.

이처럼 1인 기업가의 아침은 직장인의 그것과 근본적으로 다르다. 직장인은 '오늘 무슨 일을 해야 할까?'를 생각하지만, 1인 기업가는 '오늘 내 비즈니스를 어떻게 성장시킬까?'를 고민한다. 이는 단순한 마인드셋의 차이가 아니라, 생존과 직결된 절박한 현실이다.

2023년 한국 고용노동부의 고용형태별 근로 실태 조사에 따르면, 전체 취업자 중 27%가 비임금근로자이며, 특히 40대 이상 직장인 중 상당수가 퇴직 후 1인 기업·프리랜서로 이동한다. 더 이상 '정규직=안정'이라는 등식은 성립하지 않는다. 일본 호세이대 호사카 다카시 교수도 "퇴직 후 인생 30년은 개인 비즈니스 역량이 격치를 만든다"고 강조했다.

하버드 비즈니스 스쿨의 연구에 따르면, 성공한 기업가들의 공통점은 '일상을 전략적으로 설계하는 능력'이라고 한다. 그들은 하루를 생산Creation, 성장Growth, 관계Relationship, 회복Recovery 네 블록으로 나눈다. 1인 기업가에게 이 균형은 선택이 아닌 필수다.

나 역시 오전 5시부터 9시까지를 '전략 시간'으로 정했다. 이메일을 확인하고, 오늘의 우선순위를 정하며, 중장기 목표와 연결한다. "오늘 내가 할 일이 3개월 후 내 비즈니스에 어떤 영향을 미칠 것인가?"라는 질문이 모든 판단의 기준이다.

9시부터 12시는 '딥워크 시간'이다. 칼 뉴포트가 《딥 워크》에서 말했듯, 깊이 있는 작업은 현대인의 희소 자원이다. 1인 기업가에게는 곧 생존력이다. 나는 이 시간에 콘텐츠를 만들고, 신사업을 기획하며, 중요한 의사결정을 내린다.

많은 사람들이 프리랜서와 1인 기업을 혼동한다. 그러나 프리랜서는 '프로젝트 참여자'이고, 1인 기업가는 '브랜드 소유자'다. 프리랜서는 누군가의 설계 안에서 일을 하지만, 1인 기업가는 스스로 문제를 정의하고 시장에 가치를 제안한다.

2022년 통계청의 경제활동인구조사에 따르면, 프리랜서·단기 계약직의 평균 소득은 지난 5년간 큰 변화가 없었다. 반면 1인 기업(개인사업자)의 매출은 2017~2022년 연평균 12% 이상 증가했다. 이유는 분명하다. 프리랜서는 '시간을 파는 모델'에 머물지만, 1인 기업가는 '가치를 만들어 파는 모델'로 확장하기 때문이다.

10년간 웹디자인 프리랜서였던 K는 기술은 뛰어났지만, 수입은 제자리였다. 시간당 단가가 정해져 있었기 때문이다. 그러다 3년 전 전략을 바꿨다. 단순히 웹사이트를 제작하는 것이 아니라, '소상공인의 온라인 성공'을 돕는 파트너가 되기로 한 것이다. 지금은 웹디자인뿐 아니라 SNS 마케팅, 고객 관리 시스템까지 패키지로 제공한다. 결과는 매출 3배 성장. 같은 기술이지만, '나의 브랜드'로 포지셔닝한 것이 성패를 갈랐다.

1인 기업가의 하루는 단순히 오늘 매출만을 위한 시간이 아니다. 내일의 성장을 위한 투자이기도 하다. 직장인은 오늘 일을 완수하면 하루가 끝나지만, 1인 기업가는 매일 스스로에게 묻는다.

'오늘 나는 성장했는가?'

MIT 슬론 경영대학원의 연구에 따르면, 성장하는 1인 기업가들은 업무 시간의 최소 20%를 학습과 실험에 투자한다. 한국에서도 2024년 잡코리아의 조사 결과, 1인 창업자의 62%가 매주 5시간 이상 학습과 실험에 쓴다고 답했다.

나도 오후 시간을 고객 미팅, 아이디어 테스트, 시장 분석과 같은 '실행과 실험'으로 채운다. 특히 금요일 오후는 '실험의 날'이다. 새로운 콘텐츠를 만들어보거나, 다른 업계 전문가와 협업하거나, 완전히 새로운 서비스를 기획한다. 실패도 많다. 그러나 작은 실험이 쌓여 어느 날 거대한 기회로 전환된다.

예를 들어 본업이 경영 컨설턴트였던 C는 실험 삼아 시작한 유튜브가 지금은 주 수입원이 되었다. 처음에는 개인 브랜딩용이었지만, 구독자 반응이 폭발하면서 결국 새로운 비즈니스 모델이 탄생한 것이다.

1인 기업가는 동료도 상사도 없다. 피드백도 스스로 만들어내야 한다. 그래서 나는 매일 밤 30분간 '경영일지'를 쓴다. 단순한 일기가 아니라, 나와 내 비즈니스를 진단하는 도구다. 경영일지에는 다음 세 가지를 반드시 기록한다.

- **오늘의 성과와 실패:** 수치(매출·조회수)와 정성적 성과(고객 반응·새로운 인사이트).
- **개선 포인트:** 오늘 배운 교훈을 내일 행동으로 연결.
- **장기 목표와의 연결:** 오늘의 활동이 3개월, 1년 뒤 목표에 어떻게 기여했는지 점검.

이런 기록이 쌓이면 나만의 성공 패턴이 보인다. 언제 집중력이 가장 높은지, 어떤 고객군에서 최고의 성과가 나는지 데이터로 확인할 수 있다. 직감이 아니라 데이터 기반 자기경영이 가능해지는 것이다.

1인 기업가의 하루는 매 순간이 선택이다. 무엇을 할지, 어떻게 할지, 언제까지 할지 모두 내가 결정한다. 자유롭지만, 동시에 결과에 대한 책임도 온전히 내 몫이다. 그래서 나는 더 치밀하게 하루를 설계한다. 나는 나의 CEO이자 직원이다. 나를 성장시키는 것도, 망치는 것도 결국 나의 선택이다. 매일 밤 거울을 보며 나는 묻는다.

'오늘 나는 좋은 사장이었는가? 성실한 직원이었는가?'

이것이 1인 기업가의 하루다. 무겁게 느껴질 수 있다. 그러나 인생을 온전히 내가 디자인하고 싶다면, 이보다 확실한 길은 없다.

✷ **이 단계에서 할 일**

1. 내 업종 고용 트렌드 분석: 통계청, 고용노동부 자료로 정규직 비율 변화와 5년 전망을 파악한다.
2. 주변 동료들의 커리어 변화 관찰: 최근 2년간 이직 · 창업 · 퇴사한 패턴을 기록한다.
3. 글로벌 벤치마킹: 미국, 유럽의 긱 이코노미 현황을 조사해 한국과 비교한다.

✷ **셀프 코칭 질문**

1. 나는 아직도 정규직의 안정성을 믿는가?
2. 내가 지금까지 회사에 의존해온 이유는 무엇인가? 두려움인가, 습관인가, 아니면 대안 부재인가?
3. 10년 후 내 업종은 어떻게 변할까? 그 변화 속에서 나는 어떤 자리를 차지할 수 있을까?

2. 나만의 상품, 나만의 시장을 개발하라

평생 영업을 하면서 내가 가장 깊이 깨달은 진실이 '아무리 좋은 제품도 저절로 팔리지는 않는다'는 것이다. 그리고 또 하나 '영업은 아무것도 하지 않으면 아무 일도 일어나지 않는다'는 것이다. 그래서 나는 늘 새로운 무언가를 찾고, 누군가와 연결하려 했다. 가만히 앉아 고객이 오기를 기다리는 것은 자살 행위나 다름없다. 내가 45세에 첫 책을 쓰기 시작한 이유도 책이 나를 가장 빠르게 알릴 수 있는 도구라고 판단했기 때문이다.

첫 책을 준비하던 시절, 나는 서점에 가서 영업 관련 서적 코너를 샅샅이 뒤졌다. 책은 넘쳐났다. 영업 스킬, 화법, 마인드 등 대부분이 영업 사원 개인을 대상으로 한 내용이었다. 그런데 정작 '회사의 관점에서 영업 조직을 어떻게 만들어야 하는가'에 관한 책은 없었.

'이거다!'

나는 직감했다. 바로 이 시장이 내가 평생 해온 일과 정확히 맞닿아 있다는 것을. 나는 단순히 영업을 잘하는 영업 사원이 아니었다. 영업 조직을 설계하고, 관리하고, 성과를 내게 하는 일을 해온 사람이었다. 영업을 기업가적 관점에서 바라보고, 전략·시스템·현장을 동시에 적용할 수 있는 사람이었다.

대부분의 영업 교육 강사들은 영업 사원들에게 '더 많이 팔라'는 기술을 가르쳤다. 하지만 임원과 관리자들이 진짜 필요로 하는 것은 달랐다. 그들의 질문은 항상 같았다. "어떻게 하면 우리 팀 전체가 더 잘 팔 수 있는가?", 즉 개인의 영업 능력이 아니라 조직의 영업 역량이었다.

2023년 한국기업교육협회의 보고서에 따르면, 국내 기업교육 시장은 약 4조 원 규모로, 이 중 70%가량이 리더십과 조직 관리 교육이다. 그러나 영업 조직을 전략적 관점에서 다룬 프로그램은 10% 미만에 불과하다. 시장의 공백이 눈앞에 보였다.

'내가 이 분야에서 독보적일 수 있겠구나.'

그 순간부터 체계적으로 준비했다. 박사 학위 역시 이 전략의 일환이었다. 단순한 경험담이 아니라 학문적 뒷받침을 갖춘 전문가가 되기 위해서였다.

결과는 놀라웠다. 나는 지금까지 시간당 강사료를 100만 원 이하로 받아본 적이 없다. 왜냐하면 대상 자체가 임원 이상이기 때문이다. 일반적인 영업 강사가 영업 사원 100명을 대상으로 하루 강의를 한다면, 나는 임원 10명을 대상으로 반나절 컨설팅을 한다. 시간은 절반이지만 단가는 몇 배다.

왜 가능했을까? 영업 사원 교육은 누구나 할 수 있다. 하지만 CEO나 영업 담당 임원에게 조직 차원의 영업 전략을 컨설팅할 수 있는 사람은 극히 드물다. 그들이 원하는 것은 스킬이 아니라 입체적인 통찰이기 때문이다.

코칭도 마찬가지다. 일반 코치들이 개인 성과 향상에 집중한다면, 나는 조직 성과와 개인 성장을 연결해서 본다. 단순한 동기 부여가 아니라, 비즈니스 관점에서 실질적인 변화를 이끌어 낸다.

내 지인 중에 '정리정돈 컨설턴트'가 있다. 지금은 업계에서 독보적인 위치를 차지한 인물이다. 처음에는 '정리정돈을 가르쳐서 돈을 벌 수 있나?' 하는 의구심이 들었다. 하지만 그는 확신에 차 있었다.

"정리는 단순히 치우는 게 아니라 삶의 시스템이에요. 특히 바쁜 직장인에게는 생산성과 직결되죠."

결과는? 대성공이었다. 지금은 기업 강의와 개인 컨설팅까지 일정이 꽉 차 있다. 아무도 주목하지 않던 시장에서 독보적인 브랜드가 된 것이다.

반대 사례도 있다. 리더십과 코칭 등 유행에 편승해 수많은 강사들이 쏟아져 나오고 있다. 하지만 단순한 지식 복제와 표피적인 강의로는 점심값도 벌기 힘들다. AI 도움으로 만들어낸 강의안도 차별화가 불가능하다.

내 경우, 책이 결정적이었다. 지금 내 고객의 70% 이상이 "책을 보고 연락했다"고 말한다. 첫 책을 쓸 때는 몰랐지만, 책은 24시간 나를 대신해 영업을 해주었다. 블로그, 유튜브 쇼츠도 같은 맥락이다. 전문성을 지속적으로 알리는 채널이 곧 시장을 만든다. 실제로 교보문고의 2022년 조사에 따르면, 국내 기업교육 강사 섭외 경로의 62%가

'저서 및 콘텐츠'였다. 책·칼럼·영상이 결국 시장에서 전문가를 발굴하는 기준이 된 것이다.

1인 기업가도 명확한 전략이 필요하다. 그것은 다음 세 가지로 요약된다.

- **목표**: 나는 어떤 1인 기업가가 될 것인가?
- **범위**: 어떤 시장에서, 누구를 대상으로 활동할 것인가?
- **차별화**: 어떤 강점으로 경쟁에서 우위를 가질 것인가?

나의 경우, 이렇게 정리된다.

- **목표** : 대한민국 대표 영업전략 전문가
- **범위**: 국내 기업 영업 조직의 임원(사장 포함)
- **차별화**: 영업 경영학 박사, 16년간 영업본부장 경험, 33권 저서 중 15권 베스트셀러, '올해의 코치상', 3천 시간 이상 임원 코칭 경험

이렇게 정리하면 내가 어디에 서 있어야 할지 명확해진다. 전략이 곧 차별화다. 핵심은 내가 고객을 찾아다니는 것이 아니라, 시장이 나를 찾게 만드는 것이다. '영업 조직 컨설팅'을 검색하면 내 이름이 떠야 한다. '임원 대상 리더십'을 찾으면 내 책이 보여야 한다. 사람들이 특정 키워드를 떠올릴 때 가장 먼저 연상되는 사람이 되어야 한다. 그것이 진짜 '나만의 시장'이다.

물론 시장이 작을 수 있다. 하지만 작은 시장에서 1등이 되는 것이야말로 가장 확실한 전략이다. 많은 사람들이 범용적인 서비스를 제공하려고 한다. 하지만 결국 아무도 만족시키지 못한다.

나는 정반대의 전략을 택했다. 좁고 구체적인 영역에 집중하고, 대신 그 안에서는 누구도 따라올 수 없는 깊이를 만들었다. '영업 조직 임원 대상 리더십과 전략 컨설팅', 이 한 문장만으로 내가 무엇을 하는 사람인지 명확해진다.

글로벌 컨설팅 시장에서도 같은 흐름이 나타났다. 2021년 맥킨지의 보고서에 따르면, 범용 컨설턴트의 수익은 지난 10년간 정체된 반면 전문 영역 컨설턴트의 수익은 연평균 15% 성장했다.

나이가 들수록 경쟁력이 떨어진다고들 말한다. 하지만 나는 오히려 경쟁력이 커졌다. 30대 컨설턴트가 50대 임원에게 영업 전략을 조언하기는 어렵다. 그러나 61세의 내가 같은 조언을 하면 무게감이 다르다. 나이와 경험이 곧 신뢰가 된다. 최근 내 상품은 시간이 지날수록 가치가 높아지고 있다. 30년 넘게 쌓아온 경험, 33권의 저서, 실제 성과, 이것은 누구도 단기간에 모방할 수 없다. 바로 이것이 진짜 경쟁 우위다.

결국, 나만의 상품을 만든다는 것은 나만의 시각으로 세상을 보는 것이다. 남들이 보지 못한 기회를 발견하고, 남들이 가지 않는 길을 가는 것이다. 그 길은 외롭고 불안할 수 있다. 그러나 그 끝에는 남과 비교되지 않는 자유가 기다린다.

＊ 이 단계에서 할 일

1. 시장 공백 분석: 내가 관심 있는 분야에서 아직 다루지 않은 영역을 찾는다.
2. 경험 재평가: 다른 사람이 쉽게 따라할 수 없는 독특한 경험을 상품화한다.
3. 전문성 체계화: 나만의 프레임워크와 이론적 뒷받침을 마련한다.

＊ 셀프 코칭 질문

1. 내가 가진 경험 중 진짜로 독보적인 강점은 무엇인가?
2. 내 서비스가 꼭 필요한 구체적인 타깃층을 정의할 수 있는가?
3. 내 상품을 한 문장으로 설명할 수 있는가? 듣는 사람이 즉시 이해하고 공감할 수 있는가?

3. 고정비 제로 경영, 작은 회사의 강점 살리기

1인 기업을 시작할 때 가장 많이 받는 질문이 "사무실이 없으면 고객들이 무시하지 않을까요?"이다. 이에 대해 나는 단호하게 "전혀 그렇지 않다"고 답한다. 나는 처음부터 고정비 '0'을 목표로 시작했다. 사무실도, 고급 장비도, 비싼 차도 없었다. 대신 공공도서관이 내 사무실이었고, 스터디 카페가 내 회의실이었다. 61세인 지금까지 그 원칙을 지키고 있다. 그 결과, 경쟁자들이 고정비 부담에 허덕일 때, 나는 자유롭게 새로운 기회에 도전할 수 있었다.

정말 중요한 것의 본질

얼마 전 동문 모임에서 여자 박사 후배를 만났다. BMW6시리즈를 타고, 멋진 사무실에 직원 2명을 두고 있는 후배였다. 책도 6권이나 낸 나름 성공한 1인 기업가였다.

"선배님, 시간 되세요?"

식사 후 조용한 곳에서 차 한 잔 하며 이야기를 나눴다.

"선배님은 요즘 어떠세요?"

나는 근황을 간단히 말했다. 그러자 후배가 한숨을 쉬며 말했다.

"저는 솔직히 힘들어요. 겉으로는 많이 버는 편이에요. 하지만 실컷 벌어서 차 할부 내고, 직원 월급 주고, 사무실 임대료 내고 나면 실제로는 마이너스예요. 제가 이 사업을 계속해야 할지 모르겠어요."

충격이었다. BMW를 타고 멋진 사무실을 가진 후배가 실제로는 적자라니.

"선배님은 어떻게 하시나요?"

나는 내가 지켜온 1인 기업가의 2가지 원칙을 말해줬다.

"첫째, 혼자 감당할 만큼만 수주한다. 둘째, 주말은 무조건 가족과 보낸다. 1인 기업가는 1인이 하는 기업의 사장이야. 혼자 해야 진짜 1인 기업 아니겠나?"

후배는 "맞아요, 정말 맞는 말씀이에요"라며 고개를 크게 끄덕였다.

그날 대화는 내게 다시 한번 확신을 줬다. 고정비 제로 경영이 단순한 절약이 아니라 생존 전략이라는 것을.

처음에는 어색했다. 직장인들이 한창 일하는 낮 시간에 도서관에 앉아 있는 중년 남성. 사람들의 시선이 따갑게 느껴졌다. '저 사람 무직인가?' 하는 눈빛들. 하지만 개의치 않았다. 조용한 환경, 무료 와이파이, 깔끔한 책상. 일하기에 이보다 좋은 곳이 어디 있단 말인가?

6개월이 지나자 도서관 직원들이 나를 알아봤다. "오늘도 작업하러 오셨네요"라며 친근하게 인사를 건네는 사람들도 생겼다. 지금은 어떨까? 베이비붐 세대의 대량 퇴직으로 인해 공공도서관에서 중년 남성들을 보는 것은 일반적인 풍경이 되었다.

유연함이 주는 혜택

그렇다면 고객 미팅은 어떻게 했을까? 답은 간단하다. 스타벅스, 호텔 로비, 스터디 카페 등 필요할 때마다 다른 장소를 이용했다. "박사님 사무실로 가면 될까요?"라고 묻는 고객들에게는 "편하신 곳으로 제가 찾아뵙겠습니다. 어디가 좋으실까요?"라고 물었다. 놀랍게도 이 말에 고객들이 더 좋아했다. 사무실 임대료 월 300만 원을 아끼면서 오히려 고객 만족도는 높아진 것이다.

강의안을 준비할 때는 공원을 자주 이용했다. 날씨 좋은 날이면 벤치에 앉아 노트북을 펼쳤다. 새소리를 들으며 쓴 글들이 사무실에서 쓴 것보다 더 창의적이었다. 어떤 사람들은 "그래도 체면이…" 하고 말했지만, 나는 확신했다. 진짜 전문성은 화려한 사무실이 아니라 실력에서 나온다고.

"컨설턴트는 좋은 차를 타야 한다", "고객들이 낡은 차를 보면 어떻게 생각하겠어?", "그래도 BMW나 벤츠 정도는 있어야 하지 않나?"라는 말도 자주 들었다. 하지만 나는 아내와 차 한 대를 공유했다. 할부금도, 보험료도, 유지비도 반으로 줄었다.

그렇다면 고객들이 내 차를 보고 무시했을까? 전혀 그렇지 않다. 이미 내 저서 33권과 학력, 경력이 나를 대변하고 있었기 때문이다. 첫 미팅에서 고객들이 관심을 가진 것은 내가 어떤 차를 타고 왔는지가 아니라, 그들의 문제를 어떻게 해결해줄 수 있는지였다. 오히려 검소한 모습이 더 신뢰를 주기도 했다. '이분은 과시용 지출보다 실속을 챙기는 분이구나' 하는 인상을 주었다.

내 아내는 공유 오피스를 운영한다. 정말 중요한 미팅이 있을 때, 나는 아내의 공유 오피스를 이용하기도 한다. 깔끔한 회의실, 전문적인 분위기, 그리고 무엇보다 '우리 것'이라는 안정감 때문이다. 하지만 이것도 필요할 때만 이용한다. 매달 고정 임대료를 내는 것과는 완전히 다르다.

이런 방식의 장점이 뭘까? 유연성이다. 상황에 따라 최적의 장소를 선택할 수 있다. 창작이 필요하면 공원으로, 집중이 필요하면 도서관으로, 중요한 미팅이면 호텔 로비나 공유 오피스로.

고정비 제로의 진짜 의미

많은 사람들이 오해한다. 고정비 제로가 단순히 돈을 아끼는 것이라고. 그게 아니다. 진짜 의미는 '자유'다. 고정비가 있으면 매달 그것을 감당하기 위해 일해야 한다. 하기 싫은 일도, 조건이 안 맞는 일도 받아야 한다. 선택권이 없어진다. 하지만 고정비가 없으면 진짜 하고 싶은 일만 할 수 있다. 조건이 안 맞으면 거절할 수 있다. 새로운 기회가 오면 주저 없이 도전할 수 있다.

지금까지 16년간 이 원칙을 지켜온 결과, 나는 정말 자유롭게 일하고 있다. 경제적 압박 때문에 원하지 않는 일을 해본 적이 거의 없다.

코로나19가 모든 것을 바꿨다. 갑자기 재택근무가 당연해졌고, 화상회의가 일반화됐다. 사무실이 꼭 필요한 것이 아니라는 게 증명됐다.

"박사님은 일찍부터 미래를 보셨네요."

고객들이 하는 말이다. 하지만 나는 미래를 본 게 아니라, 본질을 본 것이었다. 진짜 중요한 것과 그렇지 않은 것을 구분한 것이었다. 지금 베이비붐 세대가 대량 퇴직하면서 공공도서관이나 카페에서 중년 남성들을 보는 것이 전혀 어색하지 않다. 오히려 '뉴노멀'이 되었다.

스마트폰과 노트북이 있으면 어디서든 일할 수 있는 시대가 되었다. 클라우드 서비스로 파일을 공유하고, 화상회의로 전 세계와 소통한다. 내가 1인 기업을 시작할 때만 해도 이런 기술들이 지금만큼 발달하지 않았다. 하지만 원칙은 같았다. '꼭 필요한 것'과 '있으면 좋은 것'을 구분하는 것. 지금은 더 쉬워졌다. Zoom으로 화상회의를 하고, 구글 드라이브로 자료를 공유하고, 카카오페이로 결제를 받는다. 사무실이 없어도 전혀 불편하지 않다.

작은 회사의 진짜 강점

대기업은 규모의 경제로 승부한다. 큰 사무실, 많은 직원, 화려한 장비. 하지만 1인 기업가는 다르다. 우리의 강점은 유연성이다. 빠른 의사결정, 개인 맞춤 서비스, 시장 변화에 대한 신속한 대응. 이런 것들은 고정비가 적을수록 더 잘 발휘된다. 고정비가 많으면 그것을 유지하기 위해 보수적이 될 수밖에 없다. 새로운 도전을 꺼리고, 안전한 길만 선택하게 된다.

결국 고객이 원하는 것은 무엇일까? 화려한 사무실이 아니라 문제 해결이다. 멋진 차가 아니라 실질적 도움이다. 내가 공원 벤치에서 쓴 제안서든, 도서관에서 준비한 강의안이든, 스타벅스에서 한 컨설팅이든 상관없다. 고객의 문제가 해결되고 만족한다면 그것으로 충분하다. 61세까지 이 원칙을 지켜온 결과, 나는 정말 하고 싶은 일만 하면서 살고 있다. 경제적 부담 때문에 타협한 적이 거의 없다.

앞서 말한 후배와의 대화를 끝내며 나는 확신했다. 진짜 부자는 BMW를 타는 사람이 아니라, 원하지 않는 일을 거절할 수 있는 사람이라는 것을. 진짜 성공한 1인 기업가는 화려한 사무실을 가진 사람이 아니라, 주말을 가족과 보낼 수 있는 사람이라는 것을. 후배는 겉으로는 성공한 것처럼 보였지만 실제로는 자신이 만든 감옥에 갇혀 있었다. 고정비라는 쇠사슬에 묶여 자유를 잃은 것이다.

고정비 제로 경영은 단순한 경영 기법이 아니다. 진짜 자유를 위한 철학이다. 당신은 어떤 선택을 할 것인가? 화려해 보이지만 부자유한 삶인가, 소박하지만 진짜 자유로운 삶인가? 나는 이미 답을 알고 있다. 61년을 살아보니 확실하다. 진짜 성공은 얼마나 많이 버느냐가 아니라, 얼마나 자유롭게 사느냐에 달려 있다.

❋ **이 단계에서 할 일**

1. 현재 고정비 분석하기: 매월 나가는 모든 고정비를 항목별로 정리하고, 각각이 매출에 직접적으로 기여하는 정도를 평가하여 불필요한 지출을 찾아낸다.
2. 업무 공간 다양화 실험하기: 한 달간 도서관, 카페, 공유 오피스, 공원 등 다양한 장소에서 업무를 해보고, 각 장소의 장단점과 비용 효율성을 비교·분석한다.
3. 변동비 중심 비즈니스 모델 설계하기: 매출이 늘면 함께 증가하는 변동비는 유지하되, 매출과 관계없이 나가는 고정비를 최소화하는 운영 방식을 구체적으로 계획한다.

❋ **셀프 코칭 질문**

1. 내가 지출하는 고정비 중에서 진짜 전문성과 서비스 품질에 기여하는 것은 얼마나 될까? 고객이 정말 중요하게 생각하는 부분은 무엇일까?
2. 화려한 외형보다 실제 역량으로 승부할 자신이 있는가? 사무실이나 차 같은 외적 조건 없이도 고객에게 인정받을 수 있는가?
3. 고정비 부담 때문에 하기 싫은 일을 억지로 하고 있지는 않는가? 진짜 자유로운 선택을 하려면 무엇을 포기해야 할까?

4. 고객이 찾아오는 구조 만들기

"저를 어떻게 아셨어요?"

새로운 고객과 첫 상담을 할 때마다 던지는 질문이다. 70% 이상이 같은 답을 한다. "책을 검색해보고요" 또는 "책을 읽고요"다. 나머지 30%는 "유튜브에서 봤어요", "인스타그램에서요", "블로그 글을 읽었어요"다.

61세인 내가 유튜브 쇼츠를 직접 만들고, 인스타그램을 운영한다고 하면 사람들은 놀란다. "박사님이 직접 하세요?"라고 묻는다. 그렇다. 나는 비디오 스튜디오를 이용해서 쇼츠 영상을 편집하고, 해시태그를 달아서 올린다. 전문가의 도움을 받은 적이 없다. 아내가 가르쳐줬기 때문이다.

아내가 스승이 된 놀라운 반전

아내는 에어비앤비와 공유 오피스 운영을 위해 디지털 마케팅을 먼저 익혔다. 처음에는 나보다 더 어려워했다.

"오빠, 이거 어떻게 하는 거야? 인스타그램에 사진은 올렸는데, 아무도 안 봐."

밤늦게 유튜브 강의를 보면서 중얼거리곤 했다. 50대 중반에 새로운 것을 배운다는 건 사실 쉽지 않다. 하지만 아내는 포기하지 않았다. 게스트와 소통하려면 SNS가 필수였고, 공유 오피스 홍보를 위해서는 콘텐츠 제작이 필요했다. 생존이 걸린 문제였다.

6개월 후 아내는 완전히 달라져 있었다. 인스타그램에 스토리를 능숙하게 올리고, 에어비앤비 소개 영상을 직접 편집했다. 블로그에는 게스트들을 위한 서울 여행 정보를 체계적으로 정리했다.

"오빠도 이거 배워. 책만 써서는 한계가 있어."

아내의 조언이었다. 틀린 말이 아니었다. 아무리 좋은 책을 써도 사람들이 모르면 의미가 없다. 그때부터 나는 아내의 제자가 되었다.

그렇게 저녁 시간은 우리 부부의 공부 시간이 되었다. 아내가 유튜브 쇼츠 만드는 법을 가르쳐주면, 나는 글쓰기 노하우를 전수했다. 서로의 전문 분야를 나눈 것이다.

"인스타그램은 해시태그가 중요해. 너무 많이 달면 스팸으로 인식되고, 너무 적으면 노출이 안 돼."

"유튜브 쇼츠는 첫 3초가 생명이야. 시선을 확 잡아끌 만한 자막이나 이미지가 있어야 해."

아내가 실전에서 터득한 노하우로, 이론이 아니라 몸으로 부딪혀가며 배운 것들이었다. 나는 이런 노하우들을 내 콘텐츠에 적용했다. 영업 전략이나 리더십에 관한 인사이트를 1분짜리 쇼츠로 만들어 올렸다. 처음에는 서툴렀지만 점점 나아졌다. AI 활용도 마찬가지였다. 아내가 에어비앤비 설명문을 ChatGPT로 번역하는 것을 보고, 나도 책 홍보문이나 강의 자료 제작에 AI를 활용하기 시작했다. 놀라운 것은 우리 부부 모두 전문가의 도움 없이 이 모든 것을 해결했다는 점이다. 서로가 서로의 선생님이 된 것이다.

16년간 쌓은 콘텐츠의 힘

45세부터 시작해서 지금까지 33권의 책을 냈다. 거의 매년 2권씩 꾸준히 써온 결과다. 이 책들이 내가 별도의 광고비를 쓰지 않고도 고객이 찾아오게 만드는 가장 강력한 도구가 되었다. '영업전략'을 검색하면 내 책이 나온다. '임원 코칭'을 찾아보면 내 이름이 보인다. CEO들은 리더십에 대한 고민이 있을 때 읽을 만한 책을 찾다 보면 내 저서와 만난다. 책은 나를 대신해서 24시간 영업을 한다. 내가 자는 동안에도, 휴가를 가는 동안에도 누군가는 내 책을 읽고 있다. 그리고 그들 중 일부는 결국 내게 연락을 한다.

과거의 영업 방식은 우리가 찾아가서 설득하고 판매하는 '푸시Push'였다. 하지만 지금은 다르다. 고객들은 필요한 서비스가 있을 때, 먼저 온라인에서 검색한다. 그 순간 검색 결과에 당신이 나타나지 않으면 기회는 사라진다. 내가 경험한 변화가 바로 이것이다.

예전에는 기업을 찾아가서 "강의 필요하시면 연락주세요"라고 명함을 돌렸다. 성과는 미미했다. 지금은 고객이 "임원 대상 리더십 교육이 필요한데 가능하신가요?"라고 먼저 연락한다. 이미 내 전문성을 인정하고 연락하는 것이기 때문에 성약률이 훨씬 높다.

선택과 집중의 힘

블로그, 유튜브, 인스타그램, 페이스북 등 콘텐츠를 올릴 플랫폼은 무수히 많다. 하지만 모든 곳에서 활동할 수는 없다. 내가 선택한 것은 책, 블로그, 유튜브 쇼츠, 이 3가지다. 이들은 각각 다른 목적과 타깃을 가지고 있다.

먼저, 책은 깊이 있는 전문성을 보여준다. CEO나 임원들이 진짜 고민이 있을 때 찾는 것이 책이다. 블로그는 실시간 인사이트를 공유한다. 최신 경영 트렌드나 리더십 이슈에 대한 내 생각을 정리해서 올린다. 유튜브 쇼츠는 더 많은 사람들에게 다가간다. 1분 안에 핵심 메시지를 전달해야 하기 때문에 오히려 메시지가 더 명확해진다. 아내가 가르쳐준 원칙이다.

"여러 곳에 대충 하지 말고, 몇 곳에 집중해서 제대로 하세요."

많은 사람들이 콘텐츠 마케팅의 본질을 놓친다. 너무 성급하게 판매하려고 하는 것이다. 내 콘텐츠를 보면 직접적인 판매 메시지는 거의 없다. 대신 진짜 도움이 되는 정보와 인사이트만 제공한다. '이런 상황에서는 어떻게 해야 할까?', '성공한 리더들의 공통점은 무엇일까?'와 같은 내용들이다.

 판매는 신뢰가 쌓이면 자연스럽게 일어난다. 내 글을 꾸준히 읽은 사람들이 '이분에게 도움을 받고 싶다'고 생각하게 되는 것이다. 이것이 바로 진짜 '풀Pull' 마케팅이다. 끌어오는 것이 아니라, 찾아오게 만드는 것이다.

부부 협업이 만든 시너지

 사람들이 내가 직접 유튜브 쇼츠를 만든다는 걸 알면 놀란다. 그 이유가 뭘까? "61세면 그런 건 젊은 직원들이 해주는 거 아닌가요?"라는 고정관념 때문이다. 하지만 나는 다르게 생각한다. 내 콘텐츠를 가장 잘 아는 사람은 나다. 내 메시지를 가장 정확히 전달할 수 있는 사람도 나다. 전문가의 도움을 받으면 물론 더 세련된 결과물이 나올 것이다. 하지만 진정성이 떨어질 수 있다. 내가 직접 만든 투박한 영상이 오히려 더 진짜처럼 느껴진다고 말하는 사람들이 많다. 나이는 걸림돌이 아니다. 오히려 가장 강력한 차별화 요소가 된다.

 이런 일들은 혼자였다면 불가능했을 것이다. 아내가 먼저 디지털 마케팅을 익혔기 때문에 내가 배울 수 있었다. 내가 콘텐츠 전문성을 가지고 있었기 때문에 아내도 더 체계적으로 접근할 수 있었다. 서로 다른 영역에서 시작했지만, 결국 같은 목적지로 향하고 있다. '고객이 찾아오는 구조'를 만드는 것이다. 아내의 에어비앤비는 후기와 입소문으로, 내 코칭 사업은 책과 콘텐츠로, 방법은 다르지만 원리는 같다.

진짜 마케팅은 관계의 기술이다

기술은 도구일 뿐이다. 유튜브를 잘 다루고, AI를 활용하는 것도 중요하지만, 진짜 중요한 것은 '왜 사람들이 나를 찾는가?'이다. 단순히 서비스를 파는 것이 아니라, 문제를 해결해주기 때문이다. 정보만 제공하는 것이 아니라, 새로운 관점을 제시하기 때문이다. 가르치려고만 하는 것이 아니라, 함께 고민하기 때문이다. 이것이 33권의 책을 쓰면서 배운 가장 중요한 교훈이다. 독자와의 진정한 소통이 있어야 콘텐츠가 살아난다.

결국 사람들이 나를 찾는 이유는 간단하다. 신뢰할 수 있다고 생각하기 때문이다. 16년간 꾸준히 쌓아온 콘텐츠가 그 신뢰의 근거가 된다. 61세에도 새로운 기술을 배우고 도전하는 모습이 진정성을 보여준다.

가장 강력한 마케팅은 일관성이다. 오늘 하루만 잘하는 것이 아니라, 수년간 꾸준히 가치를 제공하는 것이다. 그래서 나는 오늘도 글을 쓰고, 영상을 만들고, 사람들과 소통한다.

고객이 찾아오는 구조는 하루아침에 만들어지지 않는다. 하지만 일단 만들어지면, 그 힘은 당신이 상상하는 것보다 훨씬 크다. 61세에 새로운 도전을 멈추지 않는 이유가 바로 여기에 있다.

⁎ 이 단계에서 할 일

1. 내 전문성을 보여줄 콘텐츠 채널 선택하기: 3개 이하의 플랫폼을 선정하고, 각각의 목적과 타깃을 명확히 설정한 후, 6개월 이상 꾸준히 운영할 계획을 세운다.
2. 가족이나 동료로부터 디지털 스킬 배우기: 나보다 SNS나 디지털 도구를 잘 다루는 가족, 동료를 찾아서 실무적 기술을 배우고, 대신 내 전문성을 나눠주는 상호 학습 구조를 만든다.
3. 내 이름 검색 결과 관리하기: 구글에서 내 이름을 검색했을 때 나오는 결과들을 점검하고, 전문성을 보여줄 수 있는 온라인 자료들을 체계적으로 정리한다.

⁎ 셀프 코칭 질문

1. 고객이 나를 찾을 때 "어떻게 아셨어요?"라는 질문에 대한 답이 무엇인가? 그 답이 우연이 아닌 내가 의도적으로 만든 결과인가?
2. 나이나 기술적 한계를 핑계로 디지털 마케팅을 포기하고 있지는 않는가? 내 주변에서 배울 수 있는 사람은 누구인가?
3. 나는 판매를 위한 콘텐츠를 만들고 있는가, 진짜 도움이 되는 가치를 제공하고 있는가? 내 콘텐츠를 보는 사람들이 돈을 내지 않아도 감사하다고 느낄까?

5. 나 없이도 돈을 버는 시스템을 구축하자

20년간 다닌 회사에서 마지막 월급을 받던 날이었다. 통장에 찍힌 숫자를 보며 '이제 정말 끝이구나'라고 생각했다. 다음달부터는 스스로 벌어야 했다. 코칭과 컨설팅만으로 가족을 책임져야 했다. 호기롭게 박차고 나왔지만 두려움이 컸다. 매달 정해진 날짜에 정해진 금액이 들어오는 안정감, 그걸 포기하고 불확실한 1인 기업의 세계로 뛰어든 것이다.

하지만 지금, 61세가 된 나는 웃으며 말할 수 있다.

"그때의 두려움이 지금의 자유를 만들었다."

월급쟁이의 착각에서 벗어나기

20년간 월급쟁이로 살면서 나는 큰 착각을 하고 있었다. '월급이야 말로 가장 안전한 수입'이라는 착각이었다.

하지만 생각해 보라. 월급은 정말 안전한가? 회사가 망하면? 구조조정을 당하면? 아프면? 은퇴하면? 결국 월급도 '나'라는 한 사람에게 의존하는 수입이다. 내가 일하지 못하면 즉시 멈춘다. 1인 기업가와 본질적으로 다르지 않다. 차이가 있다면 월급쟁이는 '회사 시스템'에 기대고, 1인 기업가는 '자신의 시스템'을 만든다는 것뿐이다.

그렇다면 어느 쪽이 더 안전할까? 내가 통제할 수 없는 회사 시스템인가, 내가 직접 만든 시스템인가? 둘 다 경험해 본 지금, 답은 명확하다. 내가 만든 시스템이 훨씬 안전하다.

위기가 기회를 만든다

40대 초반에 새로운 회사로 이직했는데, 적응이 쉽지 않았다. 조직 문화도, 업무 방식도 모든 게 달랐다. 매일 집에 오면 지쳐 있었다.

어느 날 저녁, 아내에게 솔직하게 말했다.

"오빠가 이 회사에 잘 적응할지 모르겠어. 불안해."

아내는 놀란 표정이었다. 그동안 나는 항상 자신 있는 모습만 보여줬기 때문이다.

"그래서 제안이 있어. 축구도 주전 선수가 부상당하면 후보 선수들이 대신 뛰잖아? 네가 꼭 무슨 일을 하고 돈을 벌어 오라는 말이 아니야. 내가 직장을 잃어도 우리가 할 수 있는 뭔가를 함께 고민해 보자."

그때부터 우리는 진짜 '부부 팀'이 되었다.

부부 협업, '1+1=3'이 되다

아내가 에어비앤비를 시작할 때 나는 옆에서 지켜봤다. 처음엔 서툴렀다. 예약 시스템도 헷갈려하고, 영어로 된 메시지에 당황하기도 했다. 하지만 아내는 포기하지 않았다. 밤늦게까지 에어비앤비 호스트 커뮤니티에서 정보를 찾아보고, 성공한 호스트들의 노하우를 배웠다.

3개월 후 첫 게스트가 왔다. 일본에서 온 젊은 부부였다. 아내는 떨리는 마음으로 그들을 맞이했다. 며칠 후 "Amazing host! Very clean and comfortable. Highly recommended!"라는 리뷰와 함께 5점 만점 평점이 올라왔다.

그때의 아내 표정을 잊을 수가 없다. 그녀는 마치 자신의 능력을 처음 발견한 것처럼 밝게 웃었다. 지금 아내의 에어비앤비 평점은 4.9점이다. 재방문 고객이 30%를 넘는다. 나보다 사업 감각이 뛰어날지도 모른다.

공유 오피스는 그다음 단계였다. 에어비앤비로 쌓은 경험과 노하우를 바탕으로 시작했다. 지금은 두 곳을 운영하며 안정적인 수익을 올리고 있다.

시간이 돈을 버는 마법

가장 중요한 깨달음은 이것이었다.

"시간이 나를 위해 일하게 해야 한다."

젊을 때 우리는 매달 일정액을 저축했다. 친구들은 "그 돈으로 더 좋은 차를 사지", "해외여행이나 가지"라고 했다. 하지만 우리는 흔들리지 않았다. '나중에 써야 할 돈'이라고 생각했다. 정확히는 '나중에 우리를 위해 일할 돈'이었다.

목돈이 모일 때마다 부동산에 투자했다. 당시에는 '집값이 오를까?' 걱정도 했다. 하지만 우리에게는 '매달 임대료가 나오는가?'라는 명확한 기준이 있었다. 시세 차익을 노린 게 아니었다. 매월 일정한 현금 흐름을 만드는 것이 목표였다. 지금 그 부동산들에서 나오는 임대 수입이 우리 생활비의 절반을 커버한다. 집값이 오르든 내리든 상관없다. 매달 돈이 들어온다. 내가 자든 깨든, 일하든 쉬든 상관없이.

연금이 평생 월급이 되다

많은 사람들이 '국민연금이 과연 나올까?' 의심한다. 나도 그랬다. 하지만 지금 보니 이보다 더 확실한 투자는 없다. 34년간 매달 낸 국민연금이 앞으로 평생 나에게 월급을 줄 것이다. 매달 정해진 날짜에 정해진 금액을. 퇴직연금까지 합하면 일정 수준의 생활비는 보장된다. 젊은 1인 기업가들이 '4대 보험은 부담'이라고 하는 걸 보면 안타깝다. 당장은 부담스럽겠지만, 장기적으로 보면 가장 안전한 투자다.

나이가 경쟁력이 되는 놀라운 일

내가 하는 코칭과 컨설팅에는 특별한 점이 있다. 나이가 들수록 더 가치가 높아진다는 것이다. 30대 코치가 50대 임원을 코칭하기는 쉽지 않다. 경험의 깊이가 다르다. 하지만 나는 다르다. 34년 직장 경험, 임원 경험, 그리고 61세라는 나이 자체가 신뢰를 준다.

"박사님은 제가 겪고 있는 상황을 정말 잘 이해하시네요."

클라이언트들이 자주 하는 말이다. 이론으로 배운 지식이 아니라 직접 겪어본 경험이기 때문이다. 건강만 허락된다면 70세까지도 충분히 할 수 있다. 아니, 더 나이가 들수록 더 가치 있는 코치가 될 수 있다. IT나 디자인 같은 분야는 젊은 사람들이 유리할지 모른다. 하지만 사람을 다루는 일, 경험을 전수하는 일에서는 나이가 자산이 된다.

5개의 수익원, 하나의 시스템

지금 우리 부부는 다음과 같이 5개의 수익원을 가지고 있다.

- 내 코칭/컨설팅(액티브 인컴)
- 아내의 에어비앤비/공유 오피스(세미 패시브)
- 부동산 임대 수입(패시브 인컴)
- 국민연금/퇴직연금(패시브 인컴)

· 예금 이자 수익(패시브 인컴)

하나가 줄어들어도 다른 것들이 받쳐준다. 내가 아파서 코칭을 못 해도, 아내가 바빠서 에어비앤비를 관리 못해도 괜찮다. 이것이 진짜 '나 없이도 돌아가는 시스템'이다. 복잡한 온라인 비즈니스가 아니다. 거창한 IT 시스템도 아니다. 현실적이고 안정적인 수익원들의 조합이다.

실패가 가르쳐준 진실

물론 모든 게 순탄했던 건 아니다. 시행착오도 많았다. 잘못 선택한 부동산 때문에 손해본 적도 있다. 에어비앤비 초기에는 까다로운 게스트 때문에 아내가 스트레스를 받아 그만두고 싶다고 한 적도 있다. 특히 기억에 남는 건 부동산 투자 실패였다. 코로나 이후 금리 인상으로 인해 엄청난 이자를 감당해야 했다. 임대 수익을 제대로 계산하지 않고 충동적으로 산 원룸 때문이었다. 6개월간 공실이 이어졌다.

하지만 그 실패들이 지금의 시스템을 만들었다. 부동산은 철저한 사전 분석과 경제 공부까지 하며 거의 전문가 수준이 다 되었다. 에어비앤비는 까다로운 게스트를 미리 걸러내는 노하우가 생겼다. 무엇보다 부부가 함께 결정하는 시스템이 만들어졌다. 실패는 학습이었다. 비용을 지불하고 얻은 소중한 교훈들이었다.

진정한 자유란 무엇인가

　월급쟁이였을 때 나는 자유롭다고 생각했다. 매달 월급이 나오니까. 하지만 그건 착각이었다. 회사에 목줄이 매어 있는 상태였다. 1인 기업가가 되어서도 처음엔 자유롭지 못했다. 고객에게, 프로젝트에게 매어 있었다.
　진짜 자유는 '선택할 수 있는 힘'이다. 일할 수도 있고, 쉴 수도 있고, 이 일을 할 수도 있고, 저 일을 할 수도 있고, 이 고객과 일할 수도 있고, 거절할 수도 있고. 그 선택권을 주는 것이 바로 '나 없이도 돌아가는 시스템'이다. 61세가 되어서야 깨달은 진실이다. 젊은 시절 '나중에 써야 할 돈'이라고 모았던 그 돈들이 지금 나에게 선택권을 주고 있다.

1인 기업가들에게 전하는 메시지

　온라인 강의 만들기에 매달리지 마라. 전자책 쓰기에 밤새지 마라. 그것만이 패시브 인컴은 아니다. 진짜 중요한 것은 이것이다.
　'10년 후, 20년 후에도 나는 지금처럼 일할 수 있을까?'
　'내가 선택할 수 있는 자유가 있을까?'
　'나만 의존하지 않고 가족과 함께 만들어 갈 수 있는 구조가 있을까?'
　답은 생각보다 가까운 곳에 있다. 당신의 경험, 당신의 관계, 당신이 지금까지 쌓아온 모든 것들을 어떻게 조합하고, 시스템화하느냐가 핵심이다. 나는 더 이상 '내가 아프면 수입이 멈춘다'고 걱정하지 않는다. 5개의 수익원이 서로를 떠받치고, 아내와 함께 만든 시스템이 안정적으로 돌아가기 때문이다. 내가 코칭을 그만두는 날이 와도 우리는 여전히 자유롭게 살 수 있다. 이것이 직장인에서 61세 직업인이 되기까지 나의 이야기다.

* 이 단계에서 할 일

1. 현재 수익원 분석하기: 내가 지금 가진 모든 수익원을 액티브/패시브로 분류하고, 각각의 지속 가능성과 확장 가능성을 평가한다.
2. 부부/가족 협업 가능성 탐색하기: 가족 구성원들의 강점과 관심사를 파악하여 서로 다른 영역에서 협업할 수 있는 방안을 찾는다.
3. 10년 후 수익 구조 설계하기: 내가 70세가 되었을 때의 지속 가능한 수익 구조를 그려보고, 지금부터 준비해야 할 것들을 구체적으로 계획한다.

* 셀프 코칭 질문

1. 내가 3개월간 일을 하지 못한다면 어떤 수익원들이 남아 있을까? 그것만으로도 생활이 가능한가?
2. 나의 나이와 경험이 오히려 경쟁력이 되는 사업 영역은 무엇인가? 젊은 사람들이 따라할 수 없는 나만의 강점은 무엇인가?
3. 가족과 함께 만들어 갈 수 있는 지속 가능한 사업 모델은 무엇인가? 혼자가 아닌 함께 할 때 더 강해질 수 있는 것은 무엇인가?

6. 1인 기업가로의 지속 가능한 성장

병실 침대에 누워 천장을 바라보며 생각했다.

'이게 내가 원했던 자유인가?'

50대 초반, 대상포진으로 한 달을 병원에서 보냈다. 몸 전체를 불로 지지는 듯한 고통에 도무지 견딜 수가 없었다. 밤새 뒤척이다 새벽이면 진통제를 찾았다. 밥도 넘어가지 않았다.

의사는 단호했다.

"극도의 스트레스와 과로가 원인입니다. 몸이 더 이상 못 견디겠다는 신호예요. 이런 식으로 살면 더 큰 병이 올 수 있습니다."

나는 웃었다. 쓴웃음이었다.

1인 기업으로 시작할 때 나만의 철칙이 있었다. 첫째, 혼자 할 수 있는 업무량 이상은 맡지 않는다. 둘째, 주말은 가족과 보내며 취미활동을 한다. 명확했다. 시간적으로, 경제적으로 자유로워지기 위해 회사를 그만뒀으니까.

처음 2년은 지켰다. 코칭 주 3회, 기업 강의 월 4회, 대학 겸임교수로 주 1회 수업. 딱 이 정도였다. 저녁에는 책을 읽고, 주말에는 아내와 영화를 봤다.

'이거야, 이게 내가 원했던 삶이야.'

그런데 책이 알려지기 시작하면서 판이 바뀌었다.

"박사님, 우리 임원 워크숍 꼭 해주세요."

"이번 주 금요일 긴급하게 코칭 가능하신가요?"

"다음달 강의 스케줄이 어떻게 되시나요?"

전화가 쏟아졌다. 이메일이 밀려왔다. 한 달치 일정이 일주일 만에 찼다. 그때 나는 착각했다.

'이런 기회가 언제 또 올까? 지금 안 하면 후회하겠어.'

돈의 유혹이었다. 정확히 말하면, 불안의 다른 이름이었다. 1인 기업가에게는 고정급이 없다. 이번 달 일하지 않으면 다음달 통장이 텅 빈다. 그 공포가 나를 더 일하게 만들었다. 제안서를 밤새 썼다. 새벽 3시에 이메일을 보냈다. 주말에도 강의를 나갔다. 월요일부터 토요일까지, 때로는 일요일까지 꽉 찼다. 취미? 그건 사치였다. 가족? 나중에 여유 생길 때 챙기면 된다고 생각했다.

그렇게 6개월이 지나자 몸에 신호가 왔다. 입맛이 없어졌다. 아침에 일어나기가 힘들었다. 집중력도 떨어졌다. 하지만 멈출 수 없었다. 일정은 3개월 후까지 찼고, 계약금도 이미 받았기 때문이다.

어느 토요일 저녁이었다. 또 강의를 마치고 집에 돌아왔다. 거실에서 아내가 TV를 보고 있었다. 나는 피곤하다며 바로 서재로 들어가려 했다. 다음주 제안서를 써야 했다. 이때 아내가 말했다.

"오빠, 시간적으로, 경제적으로 자유롭게 살려고 회사 그만두고 1인 기업 한다고 하지 않았어? 그런데 주말도 없고 밤낮도 없고, 눈은 항상 충혈되어 있어. 전보다 더 힘들어 보여."

가슴이 뜨끔했다. 하지만 나는 변명했다.

"지금이 기회야. 조금만 더 하면 안정될 거야."

아내의 말이 가슴에 와 박혔다. 맞다. 나는 자유를 위해 회사를 나왔는데, 오히려 더 정신이 없었다. 직장생활보다 더 혹독하게 일하고 있었다. 하지만 멈출 수 없었다. 다음주에 또 강의가 있고, 그 다음주에도 있었다. 마치 쳇바퀴를 도는 다람쥐처럼.

몸은 이미 한계를 넘어서고 있었다. 머리가 지끈거렸다. 소화가 안 됐다. 밤에 잠이 오지 않았다. 그러던 어느 화요일 오전, 갑자기 등과 옆구리에 칼로 베는 듯한 통증이 느껴졌다.

"응급실로 가야겠어"라며 아내를 불렀다. 진단 결과는 대상포진이었다.

"스트레스성 질환입니다. 면역력이 극도로 떨어졌을 때 나타나는 병이에요. 완치까지 최소 3주는 걸립니다."

3주가 아니었다. 한 달을 꼬박 앓았다. 물집이 터지고 딱지가 앉을 때까지. 옷이 살에 닿기만 해도 아팠다. 진통제를 먹어도 밤잠을 설쳤다. 입원한 첫날 밤, 천장을 바라보며 울었다.

'이게 내가 원했던 삶인가?'

그때 깨달았다. 나는 회사를 나와서 또 다른 회사를 만들었던 것이다. 더 혹독한 회사를. 사장은 나였지만, 가장 혹독한 사장이었다. 직원도 나 하나뿐인데, 그 직원을 죽도록 부려먹었던 것이다.

왜 이런 일이 벌어지는가?

1인 기업가들이 범하는 가장 큰 착각이 있다. '나 혼자 다 할 수 있다'는 생각이다. 회사를 나왔지만, 회사식 사고에서 벗어나지 못하는 것이다. 회사에서는 더 많이 일할수록 인정받았다. 야근하고 주말 출근하는 것이 성실함의 증거였다. 그 습관을 1인 기업에도 그대로 가져가는 것이다.

하지만 1인 기업에서는 법칙이 다르다. 더 많이 일하는 것이 더 많이 버는 것과 직결되지 않는다. 오히려 과로로 쓰러지면 모든 것이 멈춘다. 내가 대상포진으로 누워 있을 때가 그랬다. 한 달간 모든 일이 정지됐다. 강의 10개를 취소했다. 코칭 6건을 미뤘다. 제안서 마감도 어겼다. 1인 기업에서 내가 쓰러지면 회사 전체가 마비되는 것이다. 그래서 퇴원하면서 결심했다. 다시는 이런 일이 없도록 하겠다고.

먼저 내 에너지 패턴을 정확히 분석했다. 일주일간 매 시간대별로 컨디션을 기록했다. 오전 5시부터 12시까지가 내 골든 타임이었다. 이 시간에는 가장 중요하고 창의적인 일만 하기로 했다. 오후 2시 이후에는 집중력이 떨어졌다. 이때는 단순 업무나 이메일 처리를 했다. 개인의 생체리듬에 맞춰 일할 때 생산성이 크게 향상된다는 것은 이미 과학적으로 입증된 사실이다. 나도 그 원리를 직접 경험했다.

둘째, '안 하는 것'을 명확히 정했다. 회계는 세무사에게 맡겼다. 홈페이지 관리는 웹 에이전시에 맡겼다. 단순 자료 정리는 대학생 알바를 썼다. 비용이 들더라도 내가 가장 잘하는 핵심 업무에만 집중하는 것이 결국 더 큰 수익을 가져다준다는 것을 배웠다.

무엇보다 나는 원칙을 다시 세우고, 이번에는 철저히 지켰다. 첫째, 월 강의는 최대 8회까지만. 둘째, 주말은 절대 일하지 않는다. 셋째, 연간 휴가는 반드시 4주 이상. 이 원칙을 어기면 다시 대상포진이 올 수 있다는 생각에 한 치의 양보도 없었다. 처음에는 거절하기가 정말 어려웠다. 수입이 줄어들까 봐 불안하기도 했다.

하지만 놀라운 일이 일어났다. 거절하니까 오히려 더 간절해졌다. 스케줄이 타이트하니까 더 비싼 강사로 인식됐다. 강의료를 올렸는데도 요청이 계속 들어왔다. 무엇보다 품질이 좋아졌다. 충분히 준비할 시간이 생기니까 더 좋은 콘텐츠를 만들 수 있었다. 피곤하지 않으니까 강의장에서 에너지가 더 넘쳤다.

결과는 놀라웠다. 일은 30% 줄었지만, 수익은 20% 늘어났다. 더 중요한 것은 삶의 질이었다. 아내와 주말 여행을 다시 다녔다. 책을 읽을 여유도 생겼다. 친구들과 만날 시간도 생겼다.

휴식도 시스템화했다. 매주 토요일, 일요일은 완전히 쉰다. 휴대폰을 꺼놓는다. 한 달에 한 번은 2박 3일 여행을 간다. 1년에 한 번은 2주간 긴 휴가를 보낸다.

처음에는 불안했다. '내가 쉬는 동안 다른 사람들이 앞서가면 어떡하지?' 하는 생각이 들었다. 하지만 정반대였다. 충분한 휴식이 있으니까 더 좋은 아이디어가 나왔다. 더 창의적인 솔루션을 제시할 수 있었다. 유럽의 1인 기업가들이 여름에 3~4주씩 긴 휴가를 보내는 이유도 이해할 수 있었다. 휴식이 사치가 아니라 필수라는 것을. 휴식이 있어야 지속 가능한 성장이 가능하다는 것을.

또한 '나 없이도 돌아가는 시스템'을 점진적으로 구축했다. 온라인 강의 콘텐츠를 만들어 패시브 소득을 늘렸다. 전자책도 출간했다. 구독 기반 멤버십 서비스도 시작했다. 성공한 1인 기업가들을 보면, 대부분 3~5년 차부터는 액티브 소득과 패시브 소득의 비율을 조절해 간다. 내가 직접 일해서 버는 돈과 시스템이 벌어주는 돈의 균형을 맞추는 것이다. 지금 내 수익 구조는 직접 강의와 코칭이 60%, 온라인 콘텐츠와 책 인세가 40%다. 이 비율을 5년 안에 50:50으로 맞추는 것이 목표다.

대상포진 이후 10년이 지난 지금, 나는 더 건강하고 더 자유로워졌다. 수익은 예전보다 안정적이고, 삶의 질은 비교할 수 없을 정도로 높아졌다. 무엇보다 다시는 병원에 입원할 일이 없도록 내 몸과 마음을 관리하고 있다.

1인 기업가들에게 말하고 싶다. 너무 급하게 성장하려고 하지 마라. 천천히, 하지만 확실하게 나만의 속도로 가라. 몸이 무너지면 모든 것이 의미없다. 진짜 성공은 더 많이 버는 것이 아니다. 10년 후에도 건강하게 일할 수 있고, 20년 후에도 내가 원하는 삶을 살 수 있도록 설계하는 것이다. 지속 가능성이야말로 1인 기업가의 생명이다.

병실에서 천장을 바라보며 했던 질문에 나는 이제 답할 수 있다.

"이게 내가 원했던 자유다."

* **이 단계에서 할 일**

1. 개인 에너지 패턴 분석하기: 일주일간 매 시간대별 에너지 레벨을 1~10점으로 기록하여 나만의 최적 업무 리듬을 찾아내고, 일정에 반영한다.
2. 성장 한계점 설정하기: 현재 매출 목표를 150% 달성했을 때, 내가 감당할 수 있는 업무량과 스트레스 수준을 구체적으로 계산하고, 성장 속도를 조절한다.
3. 1인 기업가 네트워크 구축하기: 같은 처지의 1인 기업가 5명 이상과 정기적 만남을 가져 경험과 정보를 공유하고, 상호 멘토링 시스템을 만든다.

* **셀프 코칭 질문**

1. 나는 성장을 위해 건강과 관계를 희생하고 있지는 않는가? 진짜 성공이란 무엇인가?
2. 혼자 모든 것을 다 해야 한다는 강박에서 벗어날 수 있는가? 언제 도움을 요청해야 할까?
3. 10년 후에도 지금처럼 일할 수 있을까? 지속 가능한 비즈니스 모델을 만들고 있는가?

[참고문헌]

1. 정부 및 공공기관

· 고용노동부

  2024, 5대 재취업 현황 및 전망
  2024, 223년도 퇴직연금 적립금 운용 현황 통계
  한국고용정보원, 2022, 22~23 중장기 인력 수급 전망

· 국민건강보험공단

  2023, 5대 이상 연령별 가계지출 현황
  2023, 56+ 노후 생활비 얼마나 들까?

· 국민연금공단

  2024, 국민연금 수급자 평균 연금월액 현황

· 국민연금연구원

  2023, 56+ 노후 생활비 조사
  2021, 제9차 중고령자의 경제생활 및 노후 준비 실태

· 국세청

  2024, 2014~2022년 귀속 전문직 종사자 업종별 사업소득 현황
  2024, 2023년 사업자 등록 및 부가가치세 신고 현황

· 통계청

  2024, 경제활동인구조사
  2023, 가계금융복지조사
  2024, 고령자통계

2022, 장래인구추계: 2022~2072년
2023, 혼인이혼 통계

· 한국은행

2024, 가계금융복지조사

2. 연구기관

· 한국개발연구원(KDI)

2024, 직무 분석을 통해 살펴본 중장년 노동시장의 현황과 개선 방안

· 한국보건사회연구원

2019, 은퇴가 정신건강 및 인지기능에 미치는 영향과 시사점
2023, 중년 부부의 관계 만족도 연구

3. 경제단체

· 한국경제인협회 중장년내일센터

2023, 중장년 구직활동 실태조사

· 한국무역협회

2021, 기업 수명 변화 전망 보고서

4. 인사 · 취업 관련 기관

· 잡코리아

2024, 직장인 번아웃 증후군 경험 조사
2024, 직장인 N잡 현황 조사

· 잡플래닛

2024, 2024년 채용 트렌드

· 사람인

  2024, 신입사원 평균 근속연수 조사

· 한국산업인력공단

  2024, 국가기술자격 통계연보

5. 도서

· 구본형

  2005, 《그대 스스로를 고용하라》, 청림출판

· Pink, D.

  2001, 《Free Agent Nation: How America's New Independent Workers Are Transforming the Way We Live》, Warner Books

· Schwab, K.

  2016, 《The Fourth Industrial Revolution》, Crown Business

6. 해외 보고서 및 학술 논문

· Azoulay, P., Jones, B., Kim, J., & Miranda, J.

  2018, Age and High-Growth Entrepreneurship, MIT Sloan School of Management

· Organization for Economic Co-operation and Development(OECD)

  2021, Employment Outlook 2021, Paris: OECD Publishing

· Organization for Economic Co-operation and Development(OECD)

  2023, Pensions at a Glance 2023, Paris: OECD Publishing

- World Economic Forum(WEF)

  2023, Future of Jobs Report 2023, Geneva: WEF

- McKinsey Global Institute

  2017, Jobs lost, jobs gained: Workforce transitions in a time of automation

- Samuelson, W., & Zeckhauser, R.

  1988, Status quo bias in decision making. Journal of Risk and Uncertainty, 1(1), 7−59

- Ministry of Internal Affairs and Communications, Japan.

  2024, Statistics on the Elderly in Japan, Tokyo

- Ministry of Health, Labour and Welfare, Japan.

  2024, Report on Employment Status of Older Persons, Tokyo

'인생 후반, 어떻게 살아갈 것인가?'
두려움 없는 노후를 위한 인생 설계!

하프 타임, 인생 2막을 디자인하라

초판 1쇄 인쇄 | 2025년 11월 11일
초판 1쇄 발행 | 2025년 11월 15일

지은이 | 김상범
펴낸이 | 김진성
펴낸곳 | 호이터북스

편　집 | 김수연, 정진희, 유미나
디자인 | 임정호
관　리 | 정서윤

출판등록 | 2005년 2월 21일 제 2016-000006
주　　소 | 경기도 수원시 송죽동 449-20번지, 302호
대표전화 | 02) 323-4421
팩　　스 | 02) 323-7753
전자우편 | kjs9653@hotmail.com

Copyright ⓒ 김상범

값 18,000 원
ISBN: 979-11-993648-1-3

*잘못된 책은 서점에서 바꾸어 드립니다
*이 책은 저작권법의 보호를 받는 저작물이므로 무단전재와 복제를 금합니다
　본문 내용을 사용할 경우 출판사의 허락을 받아야 합니다.